KB040494

방법서설

돋을새김 푸른책장 시리즈 **029**

방법서설

초판 발행 2019년 10월 15일

지은이 | 르네 데카르트
옮긴이 | 권혁
발행인 | 권오현

펴낸곳 | 돋을새김
주소 | 경기도 고양시 일산동구 하늘마을로 57-9 301호 (중산동, K시티빌딩)
전화 | 031-977-1854~5 팩스 | 031-976-1856
홈페이지 | http://blog.naver.com/doduls 전자우편 | doduls@naver.com
등록 | 1997.12.15. 제300-1997-140호
인쇄 | 금강인쇄(주)(031-943-0082)

ISBN 978-89-6167-263-4 (03160)
Korean Translation Copyright © 2019, 권혁

값 12,000원

*잘못된 책은 구입하신 서점에서 바꿔드립니다.
*이 책의 출판권은 도서출판 돋을새김에 있습니다. 돋을새김의 서면 승인 없는
무단 전재 및 복제를 금합니다.

돋을새김
푸른책장
시 리 즈
0 2 9

방법서설

르네 데카르트 지음 | **권혁** 옮김

돋을새김

* * *

I think ; therefore I am

나는 생각한다. 그러므로 존재한다.

르네 데카르트(René Descartes 1596~1650)

* * *

30년 전쟁(1618~1648)

신성로마제국이 있던 독일을 중심으로 유럽 내의 신교와 구교 사이에 벌어진 종교전쟁이다. 베스트팔렌 조약으로 끝이 났으나, 인류 전쟁사에서 가장 잔혹한 전쟁이었다. 신교(프로테스탄트)의 자유가 인정되었으나, 이후 신교와 구교의 갈등은 계속되었다.

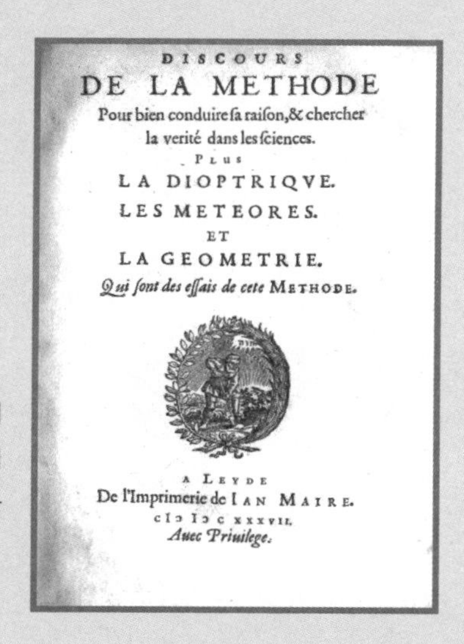

DISCOURS
DE LA METHODE
Pour bien conduire sa raison, & chercher
la verité dans les sciences.
PLUS
LA DIOPTRIQVE.
LES METEORES.
ET
LA GEOMETRIE.
Qui sont des essais de cete METHODE.

A LEYDE
De l'Imprimerie de IAN MAIRE.
cIↃ IↃ c XXXVII.
Auec Priuilege.

* * *

《방법서설》 초판본(1637년)

프랑스어로 쓰여진 데카르트의 철학서. 근대 철학의 시발점이 되었다. '이성을 올바르게 이끌고, 학문에서 진리를 찾는 방법에 관한 이야기'라는 부제가 달려 있다.

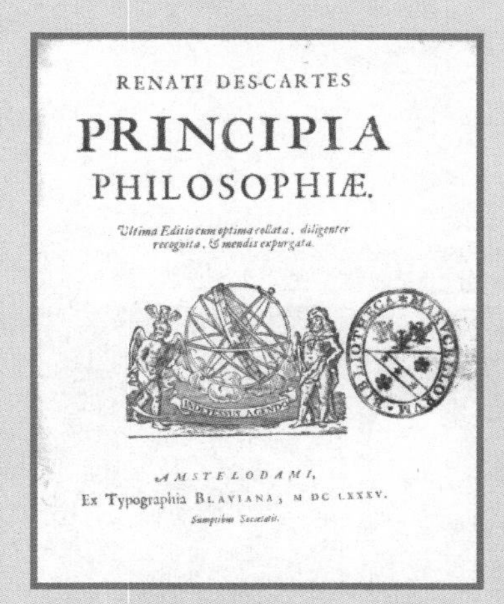
RENATI DES-CARTES

PRINCIPIA

PHILOSOPHIÆ.

Ultima Editio cum optima collata, diligenter recognita, & mendis expurgata.

AMSTELODAMI,

Ex Typographia BLAVIANA, M DC LXXXV.

Sumptibus Societatis.

＊＊＊

≪철학의 원리≫(1644년)

자연철학을 비롯하여 데카르트의 철학 체계가 제시되어 있다. 여기에서 '자연철학'이란 근대 과학을 가리킨다.

＊＊＊

메르센(Mersenne 1588~1648). 프란체스코 수도회의 신부. 데카르트에게 많은 영향을 끼쳤다. 지적 교류를 위한 조직인 메르센 살롱을 운영하며 신학 외에 비종교적 학문도 연구했다. 당대의 학자들이 모여들어 메르센 아카데미로 불렸다.

＊＊＊

스웨덴의 크리스티나 여왕(1600~1649)의 초청으로 스톡홀름으로 건너간 데카르트. 오른쪽 테이블에 앉아 있는 여왕과 토론하고 있다. 데카르트의 학문은 철학 외에 수학, 물리학, 광학, 기하학, 생리학에 이르기까지 다양했다.

＊＊＊

천체 망원경을 설명하는 갈릴레오 갈릴레이(1564~1642).

17세기에 시작된 근대 철학은 갈릴레오와 같은 과학자들의 연구가 없었다면 시작되지 못했다. 과학은 관념적으로 존재하는 자연법칙을 경험적 관찰이나, 실험을 통해 수학적, 계량적으로 증명하려고 했다. 데카르트도 마찬가지였다.

＊＊＊

아리스토텔레스의 책을 밟고 있는 데카르트. 16~17세기는 아리스토텔레스의 형이상학을 기반으로 하는 스콜라 철학이 모든 지식인에게 진리였다. 그러나 데카르트는 기독교 신학과 이성을 분리함으로써 근대 철학의 길을 열었다.

* * *

코페르니쿠스(1473~1543)의 지동설을 입증한 갈릴레오 갈릴레이는 1633년 로마의 종교 재판소에 의해 이단으로 판결받았다. 자신의 주장을 철회하여 사형은 면하였으나 그후 사망할 때까지 9년여 동안 가택에 연금되었다.

차 례 content

일러두기

1. 이 책은 1852년에 John Veitch가 영역한 A Discourse on Method를 저본으로 삼고 Ian MacLean(2006)의 영역본을 참조했다.
2. 이 책의 이해를 돕기 위해 필요한 부분은 역자 주(*)를 첨가했다.
3. 각 부의 제목은 원본에는 없으나 이해를 위해 편의상 첨가했다.

방법서설 :

이성을 올바르게 이끌고, 학문에서 진리를 찾는 방법에 관한 이야기

A Discourse on the Method of Correctly Conducting One's Reason and Seeking Truth in the Sciences

이 이야기가 한달음에 읽기에는 너무 길어 보인다면 여섯 개의 부(部)로 나눌 수 있을 것이다.

제1부에서는 학문에 관한 다양한 고찰들을 다루고 있다. 제2부에서는 저자가 발견한 방법(Method)의 주요한 규칙들을, 제3부에서는 이 방법으로부터 추론해낸 몇 가지 도덕 규칙들을 다루고 있다.

제4부에는 저자의 형이상학의 토대가 되는 신과 인간 영혼의 실재를 입증하는 논거들이, 제5부에는 저자가 연구했던 자연학적 문제들의 순서를 다루고 있다. 특히, 심장의 운동과 의학에 속하는 그 외의 몇 가지 어려움들에 대한 설명과 더불어 인간과 동물의 영혼 사이의 차이에 대해서도 다루고 있다. 마지막으로,

자연에 대한 연구에서 지금까지 이루어진 것보다 더 큰 발전을 위해 필요하다고 믿는 것을, 이 글을 쓰도록 만든 이유들과 함께 다루고 있다.

제1부

학문에 관한 다양한 고찰

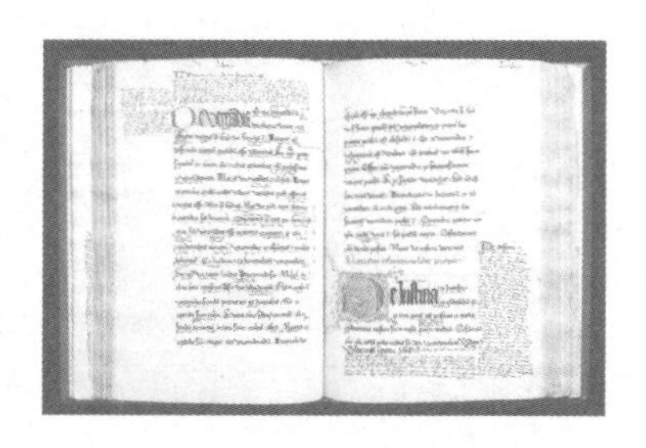

인간들 사이의 모든 것들 중에서 양식(良識, good sense)은 가장 동등하게 분배되어 있다. 사람들은 모두 스스로가 풍부하게 양식을 갖추고 있다고 생각하므로 다른 모든 것에 대해 만족하지 못하는 사람들마저도 대개는 자신들이 이미 갖추고 있는 것보다 더 많은 것을 원하지는 않기 때문이다.

이런 점에서 사람들이 모두 잘못 생각하고 있는 것 같지는 않다. 오히려 양식 혹은 이성이라고 적절하게 불리는, 올바르게 판단하고 진실과 거짓을 구별하는 힘은 모든 인간에게 있어 태생적으로 동등하다고 입증된 것으로 여겨진다.

따라서 우리들이 보여주는 의견의 다양성은 누군가가 다른 사람들보다 더욱 이성적이기 때문이 아니라 단지 우리들이 서로 다른 방식으로 생각하며 동일한 대상에 집중하지 않는 것에서 발생한다. 그러므로 좋은 능력을 갖추는 것만으로는 충분하지 않으며, 가장 중요한 것은 그 능력을 올바르게 적용하는 것이다.

가장 위대한 영혼은 가장 훌륭한 미덕만큼이나 가장 위험한 악덕도 행할 수 있다. 그리고 아주 느리게 여행하는 사람들이 언제나 곧게 나 있는 길을 따라 걷는다면, 달려가지만 그 길을 벗어난 사람들보다 훨씬 더 큰 진전을 이루어낼 수 있다.

나로서는 나의 정신이 그 어떤 면에서도 대부분의 사람들보다 더 완벽하다고 생각했던 적은 없었다. 나는 종종 다른 사람들에 못지않게 민첩하게 판단하거나, 명확하고 독특하게 상상하거나, 완벽하고 신속하게 기억할 수 있기를 바랐다. 이러한 것들 외에는 정신의 완벽함에 기여하는 특성들을 알지 못한다.

이성 또는 판단력만이 우리를 인간으로 만들어주고 짐승과 구별해주는 것이므로 각 개인들에게서 완벽하게 찾아볼 수 있는 것이라고 믿고 싶기 때문이다. 이러한 점에서 동일한 종(種)의 탁월함과 열등함은 오직 우연에 의해 평가되며 개별적인 형태나 자질 사이에 있는 것이 아니라는 철학자*(스콜라 철학자)들의 일반적인 견해를 따르고 싶다.

그러나 청년 시절부터 고찰과 격률*(maxim : 수학에서는 논리적으로 분명한 명제 또는 공리, 철학에서는 행위의 규범이나 윤리의 원칙)로 이끌어준 확실한 길로 들어섰던 것이 행운이었다는 나의 믿음을 밝히는 데에는 주저하지 않을 것이다. 그 길에서 지식을 서서히 늘려가면서, 평범한 재능과 짧은 인생 경험으로 도달할 수 있는 가장 높은 지점까지 조금씩 끌어올릴 방법을 찾아냈다고 생각한다. 비록 나 자신을 평가하는데 있어 자만하기보다 언제나 의심하려 하지만 이 방법으로부터 성과들을 거두었기 때문이다.

그리고 철학자의 눈으로 모든 인간의 다양한 행위와 일들을 볼 때, 내게는 경솔하고 쓸모없어 보이지 않는 것은 거의 없다. 그럼에도 불구하고 내 자신이 진실을 탐구하면서 이미 이루었다고 생각하는 진보에 대해 지극히 만족하고 있으며, 만약 인간으로서 행하는 인간의 일들 중에서 확실하게 훌륭하고 중요한 것이 있다면, 내가 선택한 것이라는 미래에 대한 희망을 굳게 품고 있다.

하지만 내가 잘못 생각하고 있는 것일 수도 있다. 어쩌면, 내가 금과 다이아몬드라고 생각하고 있는 것이 그저 하찮은 구리나 유리일 수도 있다.

우리가 자기 자신과 관련된 일에서는 얼마나 잘못된 생각을 하기 쉬운지, 또한 우리에게 호의를 갖고 있는 친구들의 판단이 라는 것이 얼마나 미심쩍은 것인지를 나는 잘 알고 있다.

하지만 이 논문에서 내가 그동안 지나쳐온 경로를 설명하고, 나의 삶을 한 장의 그림으로 보여주려 노력할 것이다. 사람들도 각자 그것에 대해 스스로 판단해볼 수 있도록 하고, 그것에 대한 견해들로부터 일반적인 평판을 알게 된다면 그동안 내가 사용해 온 것들에 덧붙여 나 자신을 이끌게 될 새로운 수단을 발견할 수 있을 것이다.

그러므로 나의 의도는 각자가 자신의 이성을 올바르게 이끌기 위해 따라야만 하는 방법을 가르치려는 것이 아니라, 단지 나 자신의 이성을 이끌기 위해 시도해왔던 방법을 설명하려는 것일 뿐이다. 남에게 교훈을 주려는 사람은 그것을 받는 사람들보다 더 유능하다고 스스로를 평가하고 있어야 하며, 아주 사소한 실수라도 한다면 비난을 받아야 한다.

그러나 나는 이 책을 단지 하나의 이야기, 혹은 여러분이 그렇게 받아들인다면, 하나의 우화로서 제시할 것이다. 여기에는 모방할 만한 몇 가지 사례들이 있을 것이고, 어쩌면 따라하지 않는 것이 좋을 만한 것들도 많이 발견될 수 있을 것이다. 이 책이 아무에게도 해를 끼치지 않으면서 어떤 사람들에게는 유익할 수 있기를 희망하며, 나의 솔직함을 모든 사람이 기꺼이 받아주기를 기대한다.

나는 어린 시절부터 학문을 가까이했다. 학문을 통해 인생에 유익한 모든 것에 대한 명쾌하고 분명한 지식을 얻을 수 있다고 믿었으므로 나는 무척이나 열심히 학문을 배우려 했다. 그러나 관례에 따라 학자로 인정해주는 공부의 모든 과정을 마치자마자 나의 의견을 완전히 바꾸게 되었다.

학문을 위한 모든 노력에도 불구하고 나 자신의 무지만을 발견했을 뿐, 너무나도 많은 회의와 오류에 빠져 있다는 것을 알게 되었기 때문이다.

하지만 나는 유럽에서 가장 유명한 학교들 중의 한 곳*(라 플레슈 성의 예수회 교단의 학원)에서 공부했다. 만약 이 세상 어딘가에 학자들이 있다면 그곳에 있을 것이라고 생각했다.

나는 다른 사람들이 배우는 모든 것을 배웠다. 심지어는 그곳에서 가르쳐주는 학문에 만족하지 못했던 나는 가장 진기하고 가장 기이하다고 여겨지는 학문*(점성술, 연금술, 마법 등등)들을 다루고 있는 책들도 손에 잡히는 대로 모두 읽어보았다.

다른 사람들의 나에 대한 평가도 잘 알고 있었다. 비록 나의 학우들 중에는 우리 선생님들의 자리를 이어받기로 결정된 사람들도 있었지만 내가 그들보다 낮게 평가되지 않고 있다는 것은 알고 있었다.

요컨대 우리 시대에는 과거의 어느 시대 못지않게 학문이 번성하고 훌륭한 지혜를 갖춘 사람들이 많았던 것으로 보인다. 그래서 나는 다른 사람들을 나 자신만의 기준으로 판단하고 내가 이전에 믿고 있었던 그런 성격의 학문은 존재하지 않는다고 마음대로 결론을 내렸던 것이다.

하지만 나는 줄곧 학교에서 이루어지는 수업과정이 중요하다고 생각했다. 학교에서 배우는 언어들은 고대 작가들을 이해하기 위해 꼭 필요하며, 우화의 고풍스러운 멋은 정신을 일깨워주고, 역사 속의 중요한 행위들은 정신을 고양시키므로 신중히 읽는다면 판단력을 형성하는데 도움이 된다는 것을 알고 있었다.

좋은 책들을 읽는 것은 그 책을 쓴 지나간 시대의 가장 세련된 사람들과 대화를 나누는 것이며 또한 그들의 가장 훌륭한 생각들만을 들려주는 잘 다듬어진 대화에 참여하는 것임을 알고 있었다.

웅변은 비길 데 없는 설득력과 아름다움을 지니고 있으며, 시는 지극히 매혹적인 섬세함과 매력을 갖추고 있고, 수학은 캐묻기를 좋아하는 사람들을 만족시킬 수 있는 대단히 정밀한 기술들을 갖추고 있으며 동시에 모든 기술 분야에 활용되어 인간의 노동을 줄여준다.

윤리학에 관한 책들은 대단히 교훈적인 가르침과 미덕에 대한 충고를 담고 있다. 신학은 천국으로 향하는 길을 보여주고, 철학은 모든 것에 대해 그럴 듯하게 말하는 수단을 제공하며 많이 배우지 못한 사람들을 감동시킨다. 법학과 의학을 비롯한 학문 분야들은 그것을 직업으로 삼는 사람들에게 부와 명예를 가져다준다. 마지막으로 이러한 지식의 여러 갈래들, 심지어는 가장 미신적이며 허황된 것들까지도 연구하는 것은 그것들의 진정한 가치를 알아차리고 속지 않기 위해 가치가 있다는 것을 알았다.

그러나 당시에 나는 언어들에 대한 학습과 고대 세계의 책과 역사와 우화를 읽는데 충분한 시간을 들였다고 판단했다.

다른 시대의 인물들과 대화를 나눈다는 것은 어느 정도는 여행을 하는 것과 같은 일이다. 우리의 풍습을 보다 확실하게 판단할 수 있도록 다른 민족의 풍습을 어느 정도 안다는 것은 좋은 일이다. 그리고 세계에 대해 아무것도 확인해보지 못한 사람들이 흔히 그렇듯이, 우리들의 풍습과 일치하지 않는 모든 것을 어리석고 비이성적이라고 생각하지 못하도록 하기 위해서도 좋은 일이다.

반면에 여행에 너무 많은 시간을 쏟게 되면 자신의 나라에서 이방인이 되기 쉽고, 지나간 시대의 풍습에 너무 깊게 빠져들게 되면 대개는 우리 시대의 풍습을 지나치게 모르는 채로 남아 있게 된다.

게다가 우화들은 가능하지 않은 사건들을 가능한 것처럼 생각하도록 만든다. 그리고 비록 좀 더 매력적으로 읽히도록 하기 위해 과거의 가장 정확한 이야기들을 변형시키거나 과장하지는 않는다 해도 지극히 사소하거나 유명하지 않은 사실들은 거의 언제나 제외하고 만다.

그 결과, 남아 있는 이야기들도 사실과는 다르게 나타나게 되고 그러한 이야기들에서 뽑아낸 본보기들을 자신들의 행동의 기초로 삼는 사람들이 시대에 뒤떨어진 기사들의 무용담을 기사도를 다루는 이야기 속에 억지로 짜 맞추려 하게 되고 자신들의 능력을 넘어서는 목표들을 설정하도록 만드는 것이다.

나는 웅변을 높게 평가하고 시를 사랑했지만, 이 두 가지 모두 학습의 결과이기보다 정신적인 재능이라고 생각했다. 가장 논리적으로 추론하는 사람들과 자신의 말을 명확하고 알기 쉽게 전달하기 위해 자신의 생각을 가장 잘 정리하는 사람들은 비록 가장 투박한 사투리를 사용하고 수사학을 배운 적이 없다 해도 언제든 자신들의 말로 상대방을 가장 잘 설득할 수 있다. 그리고 가장 만족스럽게 언어적인 표현으로 자신의 생각을 가장 설득력 있고 공감을 얻는 방식으로 나타내는 사람은 비록 시 작법을 전혀 모른다 해도 언제나 가장 훌륭한 시인이 될 것이다.

내가 수학을 가장 열심히 공부했던 것은 수학 증명들의 확실성과 논란의 여지가 없다는 것 때문이었지만 나는 아직도 수학의 올바른 용도를 알지 못하고 있다. 수학이 유일하게 적용되는 곳은 기계적인 기술이라고 믿었으며 그처럼 확실하고 견고한 토대 위에 보다 더 고귀한 것이 전혀 세워지지 않았다는 것에 깜짝 놀랐다.

반면에 나는 고대 이교도 작가*(세네카를 비롯한 스토아 학파의 철학자)들의 도덕적인 작품들을 그저 모래와 진흙뿐이 없는 곳에 건설된 화려하고 장엄한 궁전들과 비교해보았다. 그들은 미덕을 찬양했으며 이 세상의 그 어떤 것보다 더 소중하게 존중받을 만한 것들로 보이도록 한다. 하지만 그들은 그것들에 대해 배울 수 있는 만족스러운 방법은 가르쳐주지 않으며, 그들이 그처럼 훌륭한 이름으로 부르는 것들이 인간적인 감정과 긍지와 절망의 부족 또는 존속살해일 뿐인 경우가 많았다.

나는 우리의 신학을 존중했으며 다른 사람들만큼이나 천국에 다다를 수 있기를 희망했다. 하지만 천국으로 가는 길이 가장 많이 배운 사람들에게 열려 있는 만큼이나 가장 배우지 못한 사람들에게도 열려 있으며 그곳으로 이끌어주는 계시된 진리가 우리의 이해력을 벗어난다는 것을 기정사실로서 알게 되면서, 나는 감히 그 진리를 나 자신의 미약한 논리에 포함시키지는 않았다. 또한 진리를 공부하는 과업에 종사하기 위해서는 하늘의 어떤 특별한 도움과 단순한 인간 이상일 필요가 있다고 믿게 되었다.

철학에 대해서는 여러 세기 동안 최고의 지성인들이 몰두해 있었지만 그럼에도 불구하고 논쟁되지 않는 것은 전혀 없으며 그로 인해 의심받지 않는 것이 전혀 없다는 것을 깨달았을 때 다른 사람들보다 더 성공하겠다고 기대할 만큼 주제넘은 생각은 하지 않게 되었다. 한 가지 이상의 진실이 있을 수 없는 동일한 주제에 대해 얼마나 다양한 학자들이 다양한 견해를 고수하고 있는가를 확인하면서 그럴 듯하게 들릴 뿐인 것은 거짓과 같은 것이라고 생각했다는 것, 그 외에는 아무런 언급도 하지 않을 것이다.

다른 학문들의 경우, 그들의 원리를 철학에서 차용하는 한 그처럼 불안정한 토대 위에 견고한 것을 세울 수는 없을 것이라고 판단했다. 게다가 그 학문들에서 기대할 수 있는 명예나 이익도 그것들을 공부하도록 이끌기에는 충분한 것이 아니었다.

신의 은혜 덕분에 나 자신이 재산을 불리기 위해 학문적인 직업으로부터 생계를 유지해야 할 지위에 있다고는 생각하지 않았기 때문이다. 비록 견유학파*(사회적 관습과 도덕을 부정하고 인간의 본성에 따라 자연스럽게 생활할 것을 주장했다. 시노페의 디오게네스가 대표적인 인물)의 사람들이 흔히 그렇듯이, 세속적인 명예를 끊임없이 경멸하지는 않았지만, 진실한 일이라고 전혀 기대할 수 없는 그런 종류의 명예는 낮게 평가했다.

마지막으로, 저급한 학문들의 경우에는 연금술사의 약속이나 점성술사의 예언, 마법사의 사기 또는 자신들이 알고 있는 것보다 더 많이 안다고 공언하는 사람들의 속임수와 허풍에 빠져들지 않도록 그것들의 진면목을 충분히 알고 있다고 생각했다.

그것이 바로 스승들의 감독으로부터 벗어날 수 있는 나이가 되자마자 글을 통한 공부를 모두 접어버린 이유였다. 그리고 나 자신이거나 세상이라는 위대한 책에서 발견하게 될 지식만을 추구하기로 결정했으므로, 나는 내 청춘의 나머지 시간을 여행을 하고 궁전과 군대를 찾아다니고, 다양한 기질과 계층의 사람들과 섞여 다양한 경험들을 축적하고, 우연히 나 자신을 발견하게 되는 상황들 속에서 나 자신을 시험해보고, 있는 그대로의 모습을 내게 보이는 것들로부터 일정한 유익함을 이끌어내기 위해 줄곧 합당한 성찰을 하면서 보냈다.

어떤 학자가 자신만의 연구에서 다루고 있는 성찰들보다 우리에게 영향을 끼치는 것들, 그리고 만약 잘못 판단한다면 즉시 우리에게 해를 끼치게 되는 것들에 대한 추론으로부터 더 많은 진실을 발견할 수 있을 것으로 보았기 때문이었다.

성찰은 상식으로부터 더 멀어질수록 학자에게 더 큰 자부심을 갖게 해줄 뿐 아무런 결론이 없다. 성찰을 그럴 듯한 것으로 만드는 과정에서 훨씬 더 많은 교묘함과 미묘함을 활용해야만 하기 때문이다.

그리고 나는 나의 행위들을 있는 그대로 보면서 확신을 갖고 인생을 헤쳐 나가기 위해 거짓으로부터 진실을 분별하는 법을 배우려는 뜨거운 욕망을 언제나 느끼고 있었다.

내가 다른 사람들의 풍습에 대해 생각해보는 동안에는 내게 확실한 지식을 제공해주는 것을 거의 찾지 못했다는 것은 사실이다. 거기에는 일찍이 철학자들의 견해들 사이에서 확인했던 것만큼의 다양성이 있다는 것은 알아차렸다.

그러므로 그러한 관찰들에서 얻어낸 가장 큰 유익함은 비록 우리에게는 대단히 엉뚱하고 우스꽝스럽게 보이는 것임에도 불구하고 다른 많은 민족들에 의해 널리 인정되고 용인되는 것들과 마주치게 되었을 때 단지 표본과 관습으로 믿어왔던 그 어떤 것도 너무 확고하게 믿어서는 안 된다는 것을 배웠다는 것이다.

그렇게 해서 나는 우리 정신의 자연스러운 생각을 모호하게 만들 수 있으며 이성을 제대로 파악할 수 없게 만드는 많은 오류들부터 조금씩 벗어날 수 있었다.

그러나 세상이라는 책을 공부하고 어느 정도의 인생 경험을 얻기 위해 노력하며 몇 년을 보내고, 어느 날 나는 나 자신을 연구하고 또 내가 따라야 할 경로를 선택하는데 나의 모든 정신적인 능력을 활용하자는 결정을 내렸다. 이런 면에서 만약 나의 나라나 책들을 전혀 벗어나지 않았을 때 얻을 수 있었던 것보다 훨씬 더 큰 성과를 거두었던 것으로 보인다.

제2부

방법의 주요 규칙들

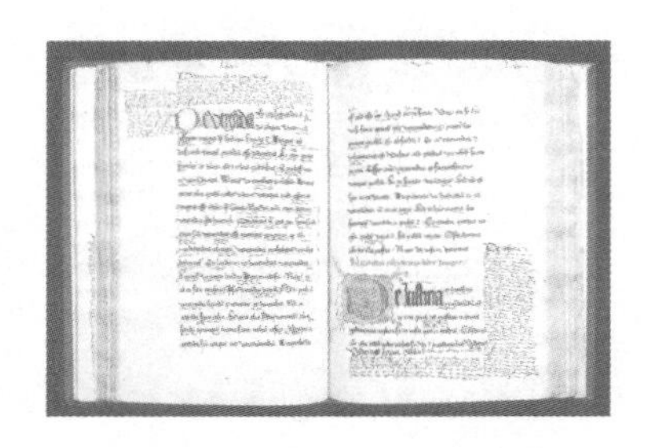

그 무렵에 나는 아직 끝나지 않고 있던 전쟁*(1618~1648년의 30년 전쟁) 기간 동안 군대에 소집되어 독일에 가 있었다. 황제의 대관식에 들렀다가 부대로 돌아가던 중 겨울이 시작되어 어느 지방*(1619년 11월 데카르트가 머물며 꿈을 꾸었다는 울름Ulm)에 머물게 되었다. 그곳에는 이야기를 나눌 동료가 없었던 것은 물론, 다행스럽게도 나를 괴롭힐 걱정거리나 감정적인 동요도 없었다. 나는 하루 종일 난로로 따뜻하게 덥혀진 작은 방에 틀어박혀 느긋하게 나만의 생각에 잠길 수 있었다.

당시에 가장 먼저 생각했던 것들 중의 한 가지는, 다양한 요소들로 구성되고 여러 명의 기술자들에 의해 만들어진 작품들이 종종 오직 한 사람이 작업한 것보다 완벽하지 못하다는 사실이었다.

한 명의 건축가가 설계하고 완성시킨 건물이 여러 명의 건축가가 다른 목적으로 건조된 낡은 성벽들을 활용하여 짜 맞추려 했던 것보다 대개는 더 아름답고 더욱 잘 설계되어 있는 경우가 그랬다.

처음에는 그저 작은 마을이었지만 시간이 흘러 점점 거대한 도시가 되어버린 오래된 도시들의 경우 역시 그랬다. 한 명의 기술자가 아무런 제약 없이 빈 들판에 설계한 질서정연한 도시들과 비교했을 때, 오래된 도시들은 일반적으로 너무나도 엉망으로 정리되어 있다. 비록 그곳의 건물들을 개별적으로 살펴보면 종종 잘 정리된 도시의 건물들만큼이나 기술적인 우수함을 드러내기도 하지만, 그것들이 배치된 방식을 꼼꼼히 살펴보면 높고 낮은 건물이 들쭉날쭉하고 거리들은 이리저리 굽어 있으며 높낮이도 서로 달라서, 이성을 적용한 인간들의 의지보다는 우연의 결과로 보일 뿐이다.

그리고 만약 개별적인 건물의 설계가 도시 전체의 미관과 어울리도록 관리하는 공무원들이 언제나 있었다는 사실을 생각해 본다면, 오직 다른 사람들이 만들어낸 것만으로 작업했을 때 완성된 작품을 만들어낸다는 것이 매우 어렵다는 것은 명확해진다. 이런 면이 범죄의 해악과 법적인 불화에 의해 억지로 법률을 만들게 된, 한때는 미개했지만 서서히 문명화된 나라들은, 하나의 국가로서 만들어지던 초기부터 세심한 입법자가 만든 헌법을 지켜온 나라들만큼 훌륭하게 통치될 수 없었다는 견해를 갖게 했다.

이와 마찬가지로 신이 만든 법을 지키는 참된 종교를 받아들인 국가가 다른 그 어떤 국가보다 훨씬 더 훌륭하게 통치된다는 것에는 의심의 여지가 없다. 인간의 경우를 되돌아 보았을 때, 만약 스파르타*(고대 그리스의 도시국가)가 한때 대단히 번영했다면, 그것은 그들의 법들이 저마다 특별히 뛰어났기 때문이 아니라(대단히 이상하고 심지어는 미풍양속에 벗어나는 것이 많았던 것으로 보아) 모든 법들이 한 사람*(스파르타의 전설적인 입법자, 리쿠르고스)에 의해 입안되었고, 모두 다 한 가지의 목적을 지향했기 때문이라고 믿는다.

그래서 나는 책을 통한 학문, 또는 적어도 일반적으로 인정된 것보다 더 나을 것이 없는 이성적인 기반과 실질적인 증명도 전혀 포함하고 있지 않은 사람들의 학문은 다양한 많은 사람들의 견해들로 구성된 것으로서, 양식을 갖춘 사람이라면 누구라도 자신들의 이해 범위 내에 있는 일들에 대해 만들어낼 수 있는 단순한 추론만큼이나 진실에 가깝지 않다고 믿게 되었다. 그러므로, 비록 그렇게 믿게 되기는 했지만, 우리는 어른이 되기 전에 어린이였으며 아주 오랫동안 우리들의 욕망과 선생님들의 지배를 받았기 때문에(이 두 가지는 종종 상충되며, 양쪽 다 모든 경우에 최상의 조언을 제공하지는 않는다) 만약 우리의 판단들이 태어나는 순간부터 이성을 완전하게 활용하거나 이성에 의해서만 안내되었다면 가질 수 있었을 만큼 순수하거나 확고한 것이 되기에는 거의 불가능하다.

분명하게도 우리는 거리를 아름답게 만들기 위해 전혀 다르게 재건축하겠다는 오직 한 가지 목적만으로 모든 집들을 허물어버리는 경우는 보지 못한다. 하지만 많은 사람들이 다시 짓기 위해 자신들의 집을 허물어버리는 것은 보게 되며, 심지어 가끔은 건물들이 붕괴될 위험에 있거나 기반이 불안정할 때 부수어버리는 경우가 있다는 것은 확인할 수 있다.

이런 사례는 한 개인이 모든 것을 토대에서부터 바꾸어 나라를 개혁하려 하고, 다시 짓기 위해 무너뜨리는 것은 정당하지 않으며, 마찬가지로 지식의 체계나 그것을 가르치기 위해 학교에 정립되어 있는 질서를 개정하려는 것도 정당하지 않다고 확신하게 만들었다. 그러나 오히려 지금까지 내가 받아들인 모든 견해들에 관한한, 그것들로부터 단호하게 벗어나보고 나중에 그것들을 더 나은 것이거나 비록 똑같은 것일지라도 대체하겠다는 계획으로 일단 나의 이성으로 시험해보고 잘 정립된 것인지를 확인하는 것보다 더 잘할 수는 없다고 생각했다.

나는 이러한 방법으로 만약 내가 오래된 기초 위에 쌓아올리고 내 스스로 진실인지를 판단하지 않은 채 어렸을 때 반복적으로 배웠던 오래된 원리들에만 의존하는 것보다 내 인생을 보다 더 잘 정리하게 될 것이라고 확고하게 믿었다.

비록 이런 모든 것에 여러 가지 어려움이 있다는 것은 알 수 있었지만, 극복할 수 없는 것은 아니었다. 게다가 공적인 조직에 끼치는 가장 작은 개혁에서 발견되는 어려움들과는 비교도 되지 않는 것이기 때문이었다. 그처럼 큰 조직은 일단 파괴되면 다시 세우기 너무 어려우며, 한번 흔들리면 지탱하기도 어렵다. 그리고 그것의 붕괴는 대단히 심각한 것이 아닐 수 없다.

게다가, 그런 조직체들이 가질 수 있는 결함들의 경우(그리고 그것들의 다양성 자체는 적어도 일부는 결함이 있을 것이라는 사실을 확인하기에 충분하다), 관습이 그것들을 상당히 약화시켰을 것이며, 심지어는 회피하도록 하거나 정치적인 판단의 실행을 통해 제대로 고쳐질 수 없었던 많은 것들을 알아차릴 수 없도록 수정해왔을 것이다.

결국, 이러한 결함들은 거의 언제나 교체하는 것보다 더 견딜 만한 것이다. 그것은 산들 사이로 구불구불 나 있는 큰길이 결국에는 잦은 왕래로 인해 너무나도 평탄하고 편안해져서 더욱 빠른 통로를 찾기 위해 바위산을 기어오르고 절벽 아래로 내려가는 것보다 훨씬 더 나은 것과 똑같은 방식이다.

이것이 바로 오지랖 넓고 산만한 사람들이, 즉 신분이거나 재산에 의해 공적인 업무에 참여해달라는 요청을 받지 않았음에도, 끊임없이 어떤 개혁을 꾀하려는 것을 인정할 수 없는 이유인 것이다.

만약 이 책 속에 그와 똑같이 어리석은 생각으로 나를 이끈다고 의심될 수 있는 내용이 조금이라도 있다고 생각했다면, 나는 이 책의 발행을 절대 허락하지 않았을 것이다.

나는 나 자신의 견해를 개혁하는 것과 나만의 기초를 세우는 일보다 더 중요한 일이 있다고 생각해본 적이 없다. 그리고 비록 내 작업에 대한 나만의 만족이 여기에 이 초안을 제출하도록 이끈 것이므로, 나는 결코 다른 모든 사람들에게 유사한 시도를 하라고 권하지는 않을 것이다.

신께서 더 비범한 재능을 부여한 사람들은 어쩌면 더 고귀한 계획을 마음속에 품게 될 것이다. 하지만 나는 현재의 작업이 이미 많은 사람들에게 너무나도 과감한 것은 아닐지 매우 걱정된다. 지금까지 받아들인 모든 믿음들에서 벗어나자는 단 한 가지 결정도 모든 사람들이 따라야만 하는 것은 아닐 것이다.

이 세상은 거의 모두가 그런 결정에 전혀 어울리지 않는 두 가지 종류의 사람들로 구성되어 있다.

첫째, 자신들이 실제보다 더 유능하다고 믿으며, 스스로 미루어 짐작하는 것을 막지 못하며, 자신들의 생각을 정돈된 방식으로 조절할 인내심도 없는 사람들이다. 그 결과로써 인정된 원리들을 멋대로 의심하며 일반적인 경로에서 벗어나버린다. 그들은 올바른 방향으로 나아가기 위해 따라야만 하는 길을 절대로 걸어갈 수 없으며 평생 길을 잃은 채 살아가게 된다.

두 번째로는 자신들을 이끌어줄 수 있는 다른 사람들보다 진실과 거짓을 구별할 능력이 떨어진다는 것을 인식할 수 있을 정도의 의식이거나 겸손함을 갖춘 사람들이다. 그들은 스스로 더 나은 것을 찾기보다 다른 사람들의 의견을 따르는 것으로 만족한다.

나 자신의 경우, 오직 한 명의 스승으로부터 가르침을 받았거나, 아득한 옛날부터 가장 위대한 학자들 사이에서도 다양한 견해가 널리 퍼져 있었다는 것을 전혀 몰랐다면, 분명 두 번째 부류에 속했을 것이다.

그러나 나는 일찍이 대학 생활을 하는 동안에도 제아무리 불합리하고 믿을 수 없는 것일지라도 철학자들 중의 누군가가 옹호하지 않았던 견해는 전혀 생각할 수 없다는 것을 인식하고 있었다. 그리고 나중에 여행을 하는 동안 우리의 견해와 명확하게 다른 사람들도 모두 야만스럽고 미개하지 않으며 오히려 그와는 반대로 그들 중 많은 사람들이 더 좋은 것은 아닐지라도 우리와 마찬가지로 훌륭한 이성을 활용하고 있다는 것을 알아차렸다.

또한 어릴 때부터 프랑스나 독일에서 자라며 일정한 생각을 지닌 어떤 사람이 만약 언제나 중국인들이나 식인종들 사이에서 살았다면 얼마나 다른 성격을 보여주게 될 것인지, 그리고 의복의 유행에서도 10년 전에는 우리를 만족시켰으며 어쩌면 10년 동안 만족해 왔던 것이 현재 우리들의 눈에는 얼마나 이상하고 우스꽝스럽게 보이게 될 지를 생각해보았다.

그러므로 나는 우리들이 갖는 견해들의 근거는 어떤 확실한 지식보다 오히려 관습과 선례라는 추론에 이끌리게 되었다. 마지막으로, 비록 우리들이 갖는 견해의 근거가 그렇기는 해도, 다수의 견해라는 것이 발견하기 어려운 진리의 증거는 아니며, 발견하기 어려운 진리는 다수보다는 한 사람에 의해 발견되는 경우가 훨씬 더 많을 것이라고 생각했다.

이런 모든 이유들 때문에 다른 사람들보다 더 나은 견해를 갖고 있을 것으로 여겨지는 어떤 한 사람을 선택할 수 없었으므로, 말하자면, 나 자신의 이성을 내 인생의 지침으로 활용할 수밖에 없다는 것을 알게 되었다.

하지만 마치 어둠 속을 혼자 걷고 있는 사람처럼 나는 신중하게 매우 천천히 앞으로 나아가 아주 멀리 가지는 못한다 해도 적어도 넘어지는 것만은 막자고 결정했다. 이성에 의해 받아들여지지 않고 내 믿음 속에 스며들어 있는 모든 견해들을 무조건 멀리하는 것이 아니라, 무엇보다 먼저 내가 수행하려는 작업을 준비하는데 충분한 시간을 사용하고, 내 정신이 이해할 수 있는 모든 것에 대한 지식에 도달하는 올바른 방법을 찾기로 했다.

나는 일찍부터 철학의 여러 분야들 중에서는 논리학을, 수학에서는 기하학적인 해석과 대수학에 관심을 기울였다. 이 세 가지 기술 또는 학문이 나의 계획에 어느 정도 도움이 될 것이라고 생각했다.

하지만 그것들을 검토하면서 논리학의 경우, 삼단 논법*(아리스트텔레스의 변증법. 즉 모든 사람은 이성적이다-갓난아이는 사람이다-그러므로 갓난아이는 이성적이다)과 대부분의 다른 법칙들이 새로운 어떤 것을 배우는 것보다 오히려 사람들이 이미 알고 있는 것을 설명하거나, 심지어 룰루스*(1235~1316 토마스 아퀴나스를 반박한 에스파냐의 스콜라 철학자)의 기술의 경우에는 모르고 있는 것에 대한 판단도 없이 말하는 데 사용되고 있다는 것을 알게 되었다.

비록 이 학문이 실제로 아주 정확하고 대단히 뛰어난 가르침들을 포함하고는 있지만, 해롭거나 불필요한 다른 것들도 너무 많이 뒤섞여 있어 그것들을 분리하는 것은 가공되지 않은 대리석 덩어리에서 다이애나*(로마 신화의 여신. 그리스 신화의 아르테미스)

나 미네르바(로마의 지혜의 여신. 그리스 신화의 아테나)의 흉상을 캐내는 것만큼이나 어려운 일이다.

고대의 기하학적 해석과 현대의 대수학의 경우, 전혀 응용할 수 없을 것으로 보이는 지극히 추상적인 문제들만 다루고 있다는 사실은 논외로 하더라도, 기하학적 해석은 상상력의 고갈 없이는 지력을 발휘할 수 없을 정도로 도형의 고찰에 너무 의존하고 있으며, 대수학은 일정한 규칙들과 기호들에 너무 종속되어 있어 정신을 계발하는 지식의 모형이 되는 대신 정신을 당황하게 만드는 혼란스럽고 모호한 기술이 되고 말았다.

이것이 바로 이 세 가지의 장점들을 모두 유지하면서 그것들의 결점은 없는 또 다른 방법을 찾아야만 하겠다고 생각한 이유였다.

그리고 수많은 법률들이 종종 범죄의 핑계가 되는 것처럼, 단지 몇 가지의 법률만이 있고 그것이 엄격하게 준수될 때 그 결과로 국가가 훨씬 더 훌륭하게 통치되는 것처럼, 나 또한 논리를 구성하는 아주 많은 법칙 대신, 만약 내게 절대로 벗어나지 않겠다는 확고하고 흔들리지 않는 결의만 있다면 다음의 네 가지가 나의 목적으로 충분할 것이라고 믿게 되었다.

첫째는 명확하게 진실이라고 알게 된 것이 아니면 그 어떤 것도 절대로 진실로 인정하지 않겠다는 것이었다. 다시 말해, 신중하게 경솔함과 편견을 피하고 모든 의심의 근거를 배제할 만큼 지극히 명확하고 뚜렷하게 나의 정신에 제시되는 것 외에는 아무것도 나의 판단에 포함시키지 않겠다는 것이다.

두 번째는 검토 중인 각각의 어려운 일들을 가능한 한 많은 부분으로 그리고 해결하기에 충분하도록 필요한 만큼 나누는 것이다.

세 번째는 가장 단순하고 가장 쉽게 알게 되는 대상들에서 시작해서 조금씩, 말하자면 단계를 밟아 보다 더 복잡한 대상들을 알게 될 때까지 거슬러 올라갈 수 있도록 내 생각들을 순서대로 이끌어가는 것이다. 심지어는 본질적으로 선후의 연관 관계를 유지하지 않는 대상들에도 일정한 순서를 부여하는 것이다.

그리고 마지막으로는 모든 경우에 있어 완벽하게 열거하고 전반적인 재검토를 하여 빠뜨린 것이 전혀 없다고 확신할 수 있도록 하는 것이다.

기하학자들이 자신들의 가장 어려운 논증들의 결론에 도달하기 위해 익숙해져 있는 단순하고 평이한 추론을 장황하게 나열하는 것이 나를 이렇게 생각하도록 이끌었다. 즉, 인간이 이해할 수 있는 모든 것은 동일한 방식으로 서로 연결되어 있으며, 단지 거짓을 진실로 용인하지 않으면서, 다른 것들로부터 한 가지 진실을 연역하기 위해 필요한 순서를 언제나 지키기만 한다면, 우리가 이해하지 못할 정도로 너무 멀리 벗어나 있거나 발견하지 못할 정도로 숨겨진 것은 아무 것도 없다는 것이다.

그리고 시작하는데 필요한 대상들을 결정하는 것에는 아무런 어려움도 없었다. 가장 단순하고 이해하기 쉬운 것들부터 시작해야 한다고 이미 확신하고 있었기 때문이다. 지금까지 학문에서 진리를 추구해온 사람들 중에서 수학자들만이 일정한 증명들, 말하자면 어떤 확실하고 명백한 논거들을 찾아낼 수 있었다는 것을 고려한다면, 그들이 검토했던 것과 똑같은 것들로 시작해야 한다는 것은 분명했다.

그러므로 나는 가장 단순한 대상들에 대한 검토를 시작하기로 결정했지만, 이것을 통해 나의 정신이 진실에 대한 사랑으로 성장하고 불합리한 모든 근거들에 대한 혐오에 익숙해지는 것 이상의 다른 이익은 기대하지 않는다.

하지만 일반적으로 수학이라고 명명된 특정한 학문들을 모두 익히겠다는 의도는 전혀 없었다. 그렇지만 수학의 대상은 서로 다를지라도 모두 다 그 대상들 사이에 존재하는 다양한 관계들 혹은 비례들만을 고려한다는 것에 주목하면서, 나는 이 비례들을 전반적으로 검토하고 그것들에 대한 지식으로 좀 더 쉽게 이끌어주는 것들 외에는 어떤 특정한 대상들에는 적용하지 않는 것이 나의 의도에 가장 적합하다고 생각했다. 하지만 어떤 식으로든 비례들을 제한하지는 않음으로써 나중에 그것들을 적용할 수 있는 다른 모든 대상들에 더욱 잘 적용할 수 있을 것으로 생각했다.

또한 이러한 비례들을 이해하기 위해 때로는 하나씩 고찰할 필요가 있으며, 때로는 그저 기억 속에 간직하거나 전체로서 파악할 필요가 있다는 것을 알게 되었다. 그래서 나는 비례들을 개별적으로 더욱 잘 고찰하려면 그것들을 직선들 사이에 존재하는 것으로 간주해야만 한다고 생각했다.

직선보다 더 단순한 대상을 전혀 찾을 수 없었으며, 또한 직선보다 나의 상상력과 감각에 보다 명확하게 제시될 수 있는 것은 없었기 때문이다. 하지만 기억 속에 간직하거나 많은 것을 전체로서 파악하기 위해서는 그것들을 최대한 간결할 수 있는 일정한 기호들로 표현해야만 한다고 생각했다. 이런 방식으로 나는 기하학적 해석과 대수학에서 가장 훌륭한 것들을 모두 차용할 수 있으며 양쪽의 모든 결함들을 서로서로 바로잡을 수 있을 것이라고 믿었다.

실제로 내가 선택한 몇 가지 법칙들의 정확한 준수는 이 두 가지 학문이 포괄하는 모든 문제들을 쉽게 푸는 능력을 내게 주었다고 감히 말하겠다. 그것들을 검토하는 두세 달 동안 가장 단순하고 가장 일반적인 진리들에서 시작했다. 그렇게 찾아낸 각각의 진리는 나중에 다른 진리들을 찾는 규칙으로 도움이 되었으므로 이전에는 대단히 어렵다고 생각했던 문제들을 해결하게 되었다. 뿐만 아니라 해결책을 여전히 모르고 있던 문제들도 어떤 방법으로 해결할 것인지 그리고 어느 정도까지 해결이 가능할 것인지를 결정할 수 있게 되었다.

이렇게 공언하는 데 있어, 어떤 한 가지 일에는 하나의 진리만이 있으므로, 그것을 발견한 사람이라면 누구든 그것에 대해 알 수 있을 만큼은 알고 있다는 것을 고려해 본다면, 아마 내가 너무 우쭐대고 있는 것으로 보이지는 않을 것이다.

예를 들어, 산수를 공부한 어린이가 규칙에 따라 더하기를 했다면 문제의 그 합계에 대해 인간의 정신이 발견할 수 있는 모든 것을 발견한 것은 분명하다. 한마디로 말하자면, 정확한 순서에 따르고, 검토 중인 대상의 모든 요소들을 열거하도록 가르치는 방법은 산술적 규칙에 확실성을 부여하는 모든 것을 포함하고 있는 것이다.

그러나 이런 방법이 만족스러웠던 주된 이유는 비록 완전무결하지는 않더라도 적어도 모든 문제들에 나의 이성을 최대한 활용할 수 있겠다는 확신이었다. 더 나아가 이 방법을 활용하여 나의 정신이 그 대상들을 보다 더 명료하고 보다 더 뚜렷하게 파악하는데 점점 더 익숙해져 가고 있다는 것을 알게 되었다. 또한 이 방법을 어떤 특정한 문제에 한정시키지 않고, 다른 학문들의 어려움에 적용하여 대수학에서 거둔 것만큼의 성공을 거두게 되기를 희망했다.

그렇다고 해서 내가 마주치게 될 학문의 어려운 문제들을 모두 한꺼번에 검토하겠다고 공언하는 것은 아니다. 그것은 나의 방법에 의해 규정된 순서와는 반대되는 것이기 때문이다. 하지만 다른 학문들의 원리를 반드시 철학에서 가져와야 할 필요가 있으며, 내가 여전히 철학에서 확실한 원리를 발견하지 못했다는 것을 생각하면 무엇보다 먼저 철학에서 확실한 원리들을 확립하는 데 공을 들여야 한다고 생각했다.

게다가 이런 종류의 연구가 다른 모든 것들 중에서도 가장 중요하며, 판단에 있어 속단과 예단을 가장 경계해야 한다는 것을 알아차렸기 때문에, 보다 더 성숙한 나이가 될 때까지는(당시 스물세 살이었다) 그 일에 착수해서는 안 된다고 생각했다. 무엇보다 그때까지 받아들였던 모든 잘못된 견해들을 나의 정신에서 완전히 지우고, 내 추론의 재료로 삼기 위해 다양한 경험들을 축적하고 내가 선택한 방법을 적용하는 기술을 증진시키도록 지속적으로 훈련하는 것으로 그 과업의 준비에 충분한 시간을 들여야 한다고 생각했던 것이다.

제3부

방법으로부터 추론해 낸 몇 가지 도덕 규칙

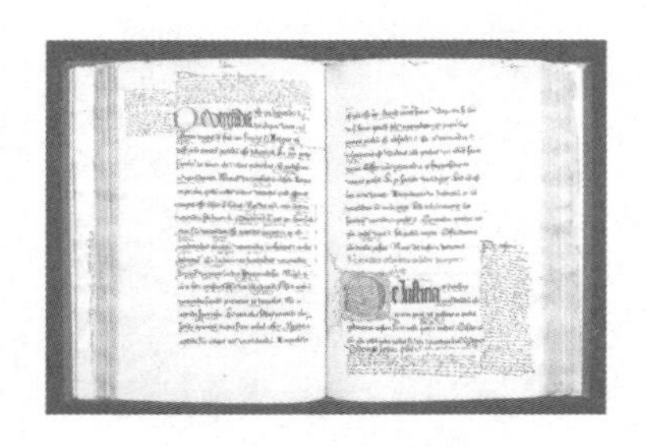

마지막으로 우리가 살고 있는 집의 재건축을 시작하기 전에 사전에 세심하게 준비한 계획에 따라 집을 허물고, 자재와 건축가를 준비하거나 우리 스스로가 그 작업에 참여하는 것만으로는 충분하지 않으며, 그런 작업을 하는 동안 편히 생활할 수 있는 다른 집 또한 제공될 필요가 있다. 그렇게 함으로써 나의 이성이 판단을 유보하도록 강제하는 동안 행동을 망설이지 않도록 하고, 그 이후로도 가능한 한 더 없이 행복하게 살아가는 것을 막지 못하도록 나는 세 가지 혹은 네 가지 격률로 구성된 임시적인 도덕률을 만들었으며, 그것을 여러분들에게 소개하고 싶다.

첫 번째는 내 나라의 법과 관습에 복종하고 신의 은총에 의해 어린 시절부터 배워왔던 신앙을 확고히 지키며, 다른 모든 문제에 있어, 함께 살아가는 사람들 중에서 가장 현명한 사람들이 보편적으로 동의하면서 실행에 옮기듯이, 극단적인 행위들을 최대한 멀리 하는 가장 온건한 견해들에 따라 나의 행동을 통제하는 것이다.

모든 것을 점검하고 싶었기 때문에 그때부터 나만의 견해는 없는 것으로 생각하기 시작했으므로, 그 동안에는 가장 현명한 사람들의 견해를 따르는 것보다 더 잘할 수 있는 것은 없다고 확신했다. 그리고 비록 페르시아인들이나 중국인들 사이에도 어쩌면 우리들 사이에서와 마찬가지로 현명한 사람들이 있겠지만, 편의상 내가 함께 살아가야 할 사람들의 견해에 따라 나의 훈련을 통제해야 할 것으로 보았다.

그리고 그런 사람들의 진정한 견해들을 확인하기 위해 그들이 말했던 것보다 실천했던 것을 정확히 알아야만 할 것으로 보았다. 우리 관습의 타락으로 자신이 믿는 것을 있는 그대로 말하려는 사람들이 거의 없을 뿐만 아니라, 자신들이 실제로 믿는 것이 무엇인지 모르는 사람들이 아주 많기 때문이다.

믿고 있는 것에 의한 정신 작용은 믿고 있다고 알고 있는 것에 의한 정신 작용과 다른 것이어서 어떤 한 가지 행동은 종종 다른 한 가지가 없어도 나타나기 때문이다.

또한 똑같은 평판을 받고 있는 많은 의견들 중에서도 나는 언제나 가장 온건한 것을 선택했다. 그것은 언제나 실천하기 쉬우며, (지나친 것들은 모두 일반적으로 옳지 않기 때문에) 어쩌면 가장 좋은 것일 수도 있으며, 내가 어떤 잘못된 생각을 하여 어느 한 가지 극단적인 의견을 따랐지만 다른 것을 따랐어야만 하는 것으로 밝혀졌을 때도 옳은 경로로부터 너무 많이 벗어나 있지는 않을 것이기 때문이다. 그리고 특히, 나는 우리들의 자유를 어느 정도 빼앗아가게 되는 모든 약속들을 이러한 극단적인 의견에 포함시켰다.

하지만 (가치 있는 어떤 계획을 갖고 있거나, 심지어는 목적이 이루어지는 것과는 상관없는 어떤 계획에서 거래의 안전성을 위해) 마음 약한 사람들의 우유부단함을 막기 위해 그들이 깨뜨리지 못하도록 체결하는 구두 약속이거나 계약을 하도록 허용하는 법률들에 반대하는 것은 아니다.

단지 나는 이 세상에서 언제나 똑같은 상태를 유지하는 것은 아무것도 없다는 것을 알고 있었으며, 나 자신의 경우 나의 판단들을 점진적으로 완성시키자는 생각을 가지고 있었을 뿐 더 악화시키려는 것은 아니었기 때문에, 만약 어떤 것을 일단 찬성했다고 해서 나중에 그것이 좋은 것이 아니거나, 더 좋은 것으로 생각하지 않게 되었을 때에도 좋은 것이라고 인정해야만 한다면 양식에 반하는 중대한 잘못을 범하는 것으로 생각했다.

두 번째 격률은 할 수 있는 한 가장 확고하고 단호하게 행동하자는 것이었다. 가장 의심스러운 견해일지라도 일단 선택했다면 가장 확실한 것들 못지않게 변함없이 따르자는 것이었다.

여기에서 나는 숲에서 길을 잃었을 때 이쪽저쪽으로 돌아다니거나 어느 한 곳에 머물지 않고, 가능한 한 어느 한 가지 방향으로만 곧장 나아가면서 비록 처음에 선택하기로 결정한 방향이 우연에 의한 것일지라도 사소한 이유들로 그 방향을 바꾸지 않는 여행자들의 경우를 모방했던 것이다.

이런 방식으로 비록 원하는 곳으로 정확하게 도착하지는 못한다 해도 최소한 숲 속에 있는 것보다 더 나을 수 있는 어떤 장소에 도달하게 될 것이기 때문이다. 이와 마찬가지로 행동은 종종 늦출 수 없는 상태에서 일어나기 때문에 우리에게 진실한 것을 결정할 능력이 없을 때 가장 개연성이 있는 것에 따라 행동해야만 한다는 것은 지극히 명확하다.

비록 다른 의견보다 더 큰 개연성이 있는지 알아차리지는 못한다 해도, 그럼에도 불구하고 우리는 어느 한 가지를 선택해야만 하며, 나중에 그것을 검토해도 실천과 관련되어 있는 한 더 이상 의심스러운 것이 아니라 명백하게 진실하고 분명한 것이다. 우리가 선택을 결정하게 된 이유 자체가 그러한 특성을 갖고 있기 때문이다.

이런 원칙은 그 이후로 명확하고 확고한 선택의 원칙이 없어서 어느 날에는 일련의 행동을 최선이라 선택하고 다음 날에는 그 반대되는 것을 선택하는 것과 같이, 일반적으로 박약하고 확신 없는 정신을 지닌 사람들의 의식을 휘저어 버리기도 하는 수많은 후회와 가책의 고통으로부터 나를 벗어나도록 하기에 충분한 것이었다.

세 번째 격률은 행운을 기대하기보다 늘 나 자신을 극복하기 위해 노력하고, 세상의 질서를 바꾸기보다 나의 욕망들을 변화시키려 노력하겠다는 것이었다. 그리고 대체로 우리 자신들만의 생각을 제외하고는 우리들에게는 능력이 전혀 없다는 신조에 스스로 익숙해지자는 것이었다. 그리고 우리 외부에 있는 것들에 대해 최선을 다한 후에도 성공을 거두지 못한 모든 것은 우리들로서는 절대적으로 불가능한 것이라는 점이다.

이 한 가지 원칙만으로도 앞으로 내가 얻을 수 없는 것은 어떤 것도 원하지 않도록 막기에 충분하며, 그러므로 나를 만족스럽게 해줄 것으로 보였다.

우리들의 의지는 자연스럽게 우리들의 이성이 어떤 식으로든 가능하다고 제시하는 것들만을 원하기 때문에, 만약 외부적인 미덕들이 모두 한결같이 우리들의 능력 밖에 있다고 생각하게 되면 출생과 더불어 마땅히 가져야 할 것으로 보이는 그러한 미덕들이 우리에게 없다는 것이 우리들의 잘못으로 박탈된 것이 아니므로, 중국이나 멕시코의 왕국을 소유하지 못하게 된 것보다 더 아쉬워하지는 않게 될 것이다.

그리고 흔히 말하듯이 부득이한 일을 불평 없이 해내는 것으로 우리는 다이아몬드처럼 썩지 않는 몸이거나 새처럼 날 수 있는 날개를 원하지 않는 것만큼이나 병들어 있으면서 건강을 원하거나 감옥에 있으면서 자유를 원하지 않을 것이다.

그러나 모든 대상들을 이런 관점으로 바라보는데 익숙해지려면 오랜 훈련과 부단한 성찰이 필요하다는 것은 인정한다. 그리고 과거에 운명의 폭압에서 벗어날 수 있었으며 고통과 빈곤에도 불구하고 신들이 부러워했을 정도의 행복을 누릴 수 있었던 철학자들의 비밀이 주로 여기에 있었다고 믿는다.

태생적으로 그들의 능력에 부여된 한계에 대해 끊임없이 고찰하면서 자신들의 생각 외에는 주어진 것이 전혀 없다는 것을 너무나도 완벽하게 확신했으므로 그들은 이런 확신만으로도 다른 것들에 대한 욕망을 막기에 충분했기 때문이었다.

그리고 그들은 자신들의 생각을 확실하게 지배하는 것으로 태생적으로나 운명에 의해 혜택을 받았지만 이러한 철학을 갖추지 못하고 자신들의 욕망을 전혀 제어하지 못하는 다른 사람들보다 자신들이 더 풍요롭고, 더 강하며, 더 자유롭고, 더 행복하다고 믿을 만한 어느 정도의 근거를 갖고 있었다.

끝으로 이 도덕률의 결론을 내리기 위해 나는 이 세상 사람들의 여러 가지 직업들을 살펴보고 그중 최선의 것을 선택하겠다고 생각했다. 다른 사람들의 일에 대해서는 언급하고 싶지 않으며, 그동안 내가 해왔던 일을 계속해 나가는 것보다 더 잘할 수는 없다는 나의 확신을 밝히려 한다. 즉, 나의 이성을 계발하는 것에 내 일생을 바치고 나 자신이 규정한 방법의 원칙에 따라 진리의 학습에서 할 수 있었던 최대한의 진전을 이루려는 것이다.

이 방법을 적용하기 시작한 후부터 나는 이 세상에서 이보다 더 완벽하고 이보다 더 순수한 것을 누릴 수는 없을 것이라 믿게 될 만큼 너무나도 강렬한 만족감을 갖게 되었다.

그리고 이 방법에 의해 나에게는 중요하게 보이지만 다른 사람들은 대부분 모르는 진실들을 날마다 발견하면서, 그로 인한 정신적인 만족감은 다른 모든 대상들에 대해서는 전혀 무관심하게 만들 정도였다.

게다가 앞에서 소개한 세 가지 격률은 자기훈련의 과제를 지속하기 위해 따로따로 계획된 것이었다. 신은 우리들 각자에게 틀린 것과 옳은 것을 구별하는 이성의 빛을 부여했으므로 내 자신의 판단으로 다른 이들의 의견을 적절하게 평가하지 않았다면, 나는 한순간도 다른 사람들의 의견에 만족해야만 한다고 믿을 수는 없었을 것이기 때문이다.

그리고 만약 더 나은 의견들이 있을 경우에 그것들을 찾아낼 모든 기회를 잡을 것이라고 기대하지 않았다면 망설이지 않고 그런 의견들을 따를 수도 없었을 것이다.

마지막으로, 만약 가능한 모든 지식을 확실히 얻을 수 있으며, 동일한 방법에 의해 나의 능력으로 참된 선(善)을 모두 얻을 수 있다고 확신했던 하나의 길을 따라가지 않았다면 내 욕망들을 제한하거나 행복해질 방법을 알 수 없었을 것이다.

우리의 의지는 오직 우리의 지성이 좋거나 나쁘다고 제시하는 것을 따르거나 피해간다는 것을 안다면 훌륭하게 행동하기 위해서는 건전하게 판단하는 것으로 충분하다. 최선을 다하기 위해서는 다시 말해, 모든 미덕들과 더불어 얻을 수 있는 다른 모든 선을 획득하기 위해서는 가능한 한 잘 판단하는 것만으로도 충분하다. 그리고 이러한 상황에 대해 확신을 한다면 만족하지 않을 수 없을 것이다.

일단 이러한 격률들을 확립하고 나서 이것들을 언제나 내 믿음의 첫 번째 자리를 차지하고 있는 신앙의 진리들과 함께 한켠으로 제쳐놓고, 나의 나머지 의견들에 관한 한 나 스스로 자유롭게 버릴 수 있다고 결정했다.

이런 모든 생각들을 했던 그 난로가 있는 방에 더 이상 갇혀 있기보다 사람들과 어울리는 것이 그 일을 더욱 잘 완성시킬 수 있을 것이라 기대했으므로 겨울이 끝나기 전에 다시 여행을 떠났다.

그 이후 9년 내내 나는 이 세상이라는 무대에서 상연되는 모든 연극에서 배우가 되기보다 관객이 되려 하면서 이리저리 돌아다니기만 했다. 그리고 의심스럽거나 잘못 생각하도록 만들 수 있는 개별적인 문제들을 특별히 숙고하면서 일찍이 나의 정신 속에 스며들어 있던 모든 오류들을 지워나갔다.

이렇게 하면서 의심하기 위해서만 의심하고, 언제나 결정에는 이르지 못하는 회의주의자*(고대 그리스의 철학자 피론Pyrrhon에 의해 정리된 철학 이론. 진리를 추구하는 일은 헛된 일이며, 끝도 없이 의심이 드는 문제에서 판단을 중지하면 영혼의 평정이 생겨난다고 주장했다. 17세기 몽테뉴, 데이비드 흄을 비롯하여 당시 사상가들에게 많은 영향을 끼쳤다.)들을 모방했던 것은 아니다.

그와는 반대로, 내 모든 계획의 목적은 확신에 도달하는 것이었으며 바위나 찰흙을 찾아내기 위해 변질되기 쉬운 땅을 걷어내는 일이었기 때문이다.

나로서는 이 작업이 상당히 잘 이루어진 것으로 보았다. 내가 연구하고 있던 명제들의 오류나 불확실성을 서투른 억측이 아닌 분명하고 확실한 논거를 통해 밝혀내려고 시도하면서 비록 문제의 그 명제가 확실성을 전혀 포함하지 않고 있는 것일지라도 합리적으로 분명한 결론을 이끌어낼 수 없을 만큼 의심스러운 명제는 전혀 없었다.

그리고 오래된 건물을 허물 때 보통은 새 집을 지을 때 사용하기 위해 그 잔해를 보관한다. 마찬가지로 근거가 부족하다고 판단된 나의 의견들을 모두 파괴하면서 나는 다양하게 관찰하고 많은 경험을 축적하여 그 후로 보다 더 확실한 의견을 정립하는데 활용했다.더 나아가, 나는 줄곧 나 자신이 규정한 방법을 실천에 옮겼다.

전반적으로는 이러한 규칙들에 따라 나의 모든 생각들을 이끌어가려 유의하는 것 외에도 때때로 시간을 할애하여 수학의 어려운 문제들에 이 방법을 적용했다. 또한 어느 정도는 수학적인 용어로 표현할 수 있는 다른 학문들의 경우에도 내가 확고하지 않다고 생각했던 다른 학문 분야의 원칙들을 모두 제거하는 것으로 이 방법을 적용했다. 여러분은 이 책에서 다루고 있는 많은 문제들에서 내가 적용했던 이 방법을 확인하게 될 것이다.

그러므로 언뜻 보기에는 허물없이 바람직한 인생을 사는 것 외에는 아무런 할일도 없으며 자신들의 쾌락을 부도덕과 분리시키려 신경 쓰면서 지루하지 않게 여가를 즐기기 위해 온갖 고상한 소일거리들로 시간을 보내는 자들과 똑같은 방식으로 살면서도 줄곧 나의 계획을 추구하고 진리의 배움에서 전진하기를 멈추지 않았다. 어쩌면 그저 책만을 읽었다거나 학자들과 어울리기만 했던 것보다 더 큰 진전을 이루었을 것이다.

하지만 학자들 사이에서 종종 논쟁이 되곤 했던 문제들을 해결하거나 일반적으로 받아들여지고 있던 것보다 더 확실한 철학의 기초들을 찾아내기도 전에 그 9년의 시간은 지나가버렸다. 나보다 앞서 이러한 계획에 착수했지만 성공하지 못했던 뛰어난 지성인들이 실제로 많았다는 것은 이 작업의 어려움을 알게 해주었다. 하지만 내가 이 계획을 완성시켰다는 소문을 퍼뜨리는 일부 사람들이 있다는 것을 알게 되지 않았더라면 나는 감히 이 작업을 그처럼 일찍 착수하지는 않았을 것이다.

나로서는 그들이 어떤 근거로 그런 생각을 했는지 알 수는 없다. 만약 내가 공개적으로 했던 말이 그런 소문에 일조한 것이라면, 그것은 일반적으로 공부 좀 했다는 사람들보다 훨씬 더 자유롭게 내가 모르는 것을 고백했기 때문일 것이다. 또는 다른 사람들이 명확한 것으로 받아들이는 많은 것들을 명확한 지식으로 자랑하기보다 의심하는 이유들을 들추어냈기 때문일 수도 있다.

하지만 실제의 나와는 다르게 평가받는 것을 원치 않을 만큼 자부심이 있었으므로 가능한 모든 수단을 동원하여 나에게 주어진 평판에 어울리는 사람이 될 필요가 있다고 생각하게 되었다. 이제 이러한 소망으로 나를 아는 사람들이 있는 모든 장소에서 벗어나 이곳*(네덜란드)에 칩거하기로 결정한지 8년이 되었다.

전쟁의 오랜 기간 동안 이 나라에 주둔하고 있는 군대는 사람들이 평화의 열매를 더욱 안전하게 누리도록 하는 것에만 이바지하고 있는 것으로 보일 만큼 훌륭한 질서를 확립시키고 있다. 여기에서는 활동적인 많은 사람들이 다른 사람들의 일에 호기심을 갖기보다 자신들의 일에 더 많은 관심을 보이고 있다. 나는 가장 번화한 도시에서 누릴 수 있는 편의는 전혀 부족하지 않았지만, 마치 아주 멀리 떨어진 사막에 은둔해 있는 것과 같은 고독한 생활을 할 수 있었다.

제4부

형이상학의 토대가 되는
신과 인간 영혼의 실재를 입증하는 논거들

내가 그곳에서 착수했던 최초의 성찰들에 대해 이야기를 해야 할지 모르겠다. 그것들은 너무나 형이상학적이며 모든 사람의 취향에는 맞지 않는 난해한 것이기 때문이다. 하지만 내가 쌓아 올린 기초가 확고한 것인지를 판단할 수 있도록 어떤 식으로든 그것들에 대해 말해야만 하겠다고 생각했다.

앞에서 말했듯이, 나는 오랫동안 도덕에 관한 한 때로는 대단히 불확실하다고 알고 있는 의견들도 마치 의심의 여지가 없는 것처럼 따라야 할 필요가 있다고 생각해왔다.

하지만 당시에는 진실의 추구에 전념하고 싶었기 때문에 그와는 정반대로 판단해야만 하며 나의 믿음 속에 완벽하게 의심의 여지가 없는 것이 있는지 알기 위해서는 최소한의 결점이라도 찾아낼 수 있는 것은 모두 완벽한 오류로써 거부해야만 한다고 생각하게 되었다. 그래서 우리들의 감각이 때로는 우리들을 속이기 때문에 감각이 이끄는 대로인 것은 아무것도 없다고 생각하기로 결정했다.

그리고 기하학의 가장 단순한 원리에 대해서도 추론에 실수를 범하고 논리적인 오류를 범하는 사람들이 있기 때문에 나 역시 다른 사람들만큼이나 잘못을 저지르기 쉬우며 내가 지금까지 유효한 증명으로 인정했던 모든 추론을 오류로서 무시해버리기로 판단했다.

마지막으로 잠들어 있는 동안에도 깨어 있을 때 갖고 있는 생각들과 똑같은 모든 생각들이 진실인 것은 전혀 없는 채 떠오를 수도 있다는 것을 고려하여 나는 나의 머릿속에 들어와 있던 모든 것은 내 꿈속의 환상들만큼이나 진실하지 않은 것으로 생각하기로 결정했다.

그러나 그 직후에 이런 방식으로 모든 것들을 거짓이라고 생각하려 애쓰는 동안에도 그것들을 생각하고 있는 나는 반드시 '실제로 존재하는 어떤 것'이어야만 한다는 사실을 알아차리게 되었다. 그리고 이러한 진리, 즉 '나는 생각한다. 그러므로 나는 존재한다.'는 것은 너무나도 확실하고 분명해서 회의주의자들의 지극히 터무니없는 그 어떤 가설에 의해서도 흔들릴 수 없다는 것을 알아차리면서, 나는 주저 없이 이것을 내가 추구하고 있던 철학의 제1원리로 받아들일 수 있다고 판단했다.

그 다음으로 '나는 무엇인가'를 세심하게 검토하면서, 내가 육체도 없으며 내가 속해 있는 어떤 세계나 장소도 없다고 가정할 수는 있겠지만, 내가 존재하지 않는다고 가정할 수는 없다는 것을 깨닫게 되었다.

그와는 반대로 내가 다른 것들의 진실을 의심하고 있다는 사실 자체로부터 내 자신이 존재한다는 것이 명백하고도 확실하게 추정되며, 반면에 비록 내가 추측했던 다른 모든 것들이 진실이라 해도 내가 생각하는 것을 멈추게 된다면 내가 존재한다고 믿을 아무런 근거도 없게 된다는 것이다.

그로부터 나는 이런 결론을 내리게 되었다. 즉 나는 본질이거나 본성이 모두 오직 생각하는 것에만 있는 하나의 실체이며, 존재하기 위해 어떤 장소도 필요 없으며 그 어떤 물질적인 것에도 의존하지 않는다는 것이다.

따라서 이러한 '나', 즉 나를 나로 존재하게 하는 영혼은 육체와 완전하게 구별되며, 심지어 육체보다 더 인식하기 쉽다는 것이다. 그리고 비록 육체가 존재하지 않는다 해도 영혼은 그것 자체로 온전히 존재하는 것을 멈추지 않을 것이다.

그 후로, 나는 한 가지 명제가 진실이면서 확실한 것이 되기 위해 필요한 것에 대해 전반적으로 생각하게 되었다. 진실이면서 확실한 한 가지 명제를 발견했기 때문에 이러한 확실성의 근거 역시 알아야만 한다고 생각했다.

그리고 '나는 생각한다. 그러므로 나는 존재한다.'는 이 명제에서 내가 진실을 말하고 있다고 확신시켜 주는 것은, 생각하기 위해서는 존재해야만 한다는 것을 내가 분명하게 알 수 있다는 것 외에는 아무것도 없다는 것을 알게 되었으므로, 우리가 지극히 분명하고 명확하다고 인식하는 것은 모두 진실이라는 것을 일반적인 규칙으로 삼을 수는 있지만 명확하게 인식하는 것들을 확인할 수 있는 데에는 일정한 어려움이 있다는 결론을 내렸다.

그 결과로서, 내가 의심하고 있었던 사실에 대해 생각하면서 그로 인해 나의 존재는 전혀 완벽하지 않으며 (의심하는 것보다 아는 것이 훨씬 더 완벽한 것이라는 사실을 명확하게 알게 되었기 때문에) 나 자신보다 더 완벽한 어떤 것에 대해서는 어떻게 생각하게 되었는지를 찾아보기로 결심했다. 그리고 나는 그것이 실제로 더욱 완벽한 어떤 본성에서 비롯된 것이어야 한다는 명확한 인식을 갖게 되었다.

나의 외부에 있는 다른 많은 것들, 즉 하늘과 땅과 빛과 열과 같은 수많은 다른 것들에 대한 나의 생각들의 경우에는 어디에서 비롯된 것인지를 아는 것이 어렵지는 않았다. 그 생각들 속에서는 그것들을 나보다 더 우월하게 만든다고 보이는 것을 전혀 알아차릴 수 없었기 때문이다. 만약 그 생각들이 진실이라면 나의 본성이 일정한 완벽함을 갖추고 있는 한 나의 본성에 의존하는 것들이며, 만약 그 생각들이 진실이 아니라면 그것들은 무(無)에서 비롯된 것으로, 다시 말해 내게 어떤 결함이 있기 때문에 내 안에 있는 것이다.

하지만 이것을 나 자신보다 더 완벽한 존재에 대한 관념에는 적용할 수 없을 것이다. 이런 관념을 무로부터 받는다는 것은 분명 불가능한 일이기 때문이다. 그리고 더 완벽한 것이 덜 완벽한 것에서 생겨나고 의존한다는 것은 어떤 것이 무에서 생겨난다는 것 못지않게 모순이기 때문에 그 관념을 나 자신으로부터 얻는 것 역시 불가능했다.

그러므로 그 관념은 실제로 나의 본성보다 더 완벽한 본성에 의해 내 안에 자리잡았을 것이라는 가능성만이 남게 된다. 그 본성은 그 자체 내에 내가 생각할 수 있는 모든 완벽함을 갖추고 있는 것으로, 한마디로 말해, 그것은 신의 본성이다.

이러한 생각에 덧붙여, 나 자신이 갖추지 못한 어떤 완벽함을 알고 있었기 때문에 내가 유일하게 존재하는 존재가 아니라(여기에서 내가 학술적인 용어를 마음껏 사용하는 것을 양해해주길 바란다) 필연적으로 내가 의존하며 그로부터 내가 가진 모든 것을 얻게 된 것보다 더 완벽한 다른 어떤 존재가 반드시 있어야만 한다고 생각했다.

내가 만약 유일한 존재이며 다른 모든 존재로부터 독립되어 있다면, 그래서 완벽한 존재와 공유하는 완벽함의 아주 적은 부분일지라도 나 자신으로부터 갖게 되었다면, 똑같은 이유로, 나 자신에게는 없다고 알고 있는 나머지 모든 완벽함을 나로부터 가질 수 있게 될 것이며, 그렇다면 나 자신이 무한하고 영원히 변하지 않으며 전지전능한 존재가 될 것이며, 한마디로 말해, 신에게서 알아차릴 수 있었던 모든 완벽함을 갖게 될 것이기 때문이다.

왜냐하면, 이러한 추론의 과정에 따르자면, 나 자신의 본성이 허락하는 한 내가 신의 본성을 알기 위해서는 나 자신의 생각 속에서 발견한 각각의 것에 관한 한 오직 완벽함을 갖추고 있는지의 여부만을 검토해보면 되기 때문이며, 신에게는 그 어떤 결함을 드러내는 것들은 전혀 없지만 그 밖의 모든 것들이 신에게 있다는 것을 확신하고 있었기 때문이다.

이러한 방식으로 나는 의심과 변덕, 슬픔과 같은 것들은 나 자신이 그것들로부터 기꺼이 벗어나려고 했기 때문에, 신에게는 있을 수 없다는 것을 알 수 있었다.

이것 외에도 나는 감각의 영역에 속하는 물질적인 것들에 대한 관념도 많이 갖고 있었다. 비록 내가 꿈을 꾸고 있는 것이라 가정하고 내가 보거나 상상했던 모든 것이 거짓일지라도, 그럼에도 불구하고 나는 그 관념들이 나의 생각 속에 실제로 있다는 것을 부정할 수는 없었다.

하지만 나는 이미 지성적인 본성이 물질적인 본성과 구별된다는 것을 인식하고 있었으며, 모든 혼합(混合)은 의존의 증거이고 의존은 명백한 결함이라 생각했기 때문에, 이러한 두 가지 본성들이 혼합된 것은 신의 완벽함들 중의 한 가지가 될 수 없으며 그 결과로 신은 그렇게 혼합된 것이 아니라는 결론을 내렸다.

하지만 만약 이 세계에 어떤 물체들이거나 어떤 지성적인 존재들 또는 전적으로 완벽하지 않은 그 밖의 본성들이 있다면 그것들은 단 한 순간도 신 없이는 존속할 수 없는 그런 방식으로 신의 권능에 의존해야만 한다는 것이었다.

그 후에 나는 다른 진리들을 찾기로 결정하고, 기하학자들의 연구 대상을 떠올렸을 때, 그것이 길이와 넓이 그리고 높이나 깊이가 무한대로 연장된 하나의 연속적인 물체 또는 공간으로 다양한 부분으로 분할될 수 있으며, 그 부분들은 다양한 형태와 크기를 가질 수 있으며 온갖 방식으로 움직이거나 위치를 바꿀 수 있는 것이라고 생각했다. 기하학자들은 그러한 모든 것들을 그들의 연구 대상으로 삼고 있기 때문이다.

나는 그들의 가장 단순한 몇 가지 증명들을 검토해보면서, 모든 사람들이 그들의 업적이라 생각하는 주된 확실성이 단지 내가 방금 제시한 규칙을 따르면서 그 증명들을 명백한 것으로 생각한다는 사실에만 근거하고 있다는 것을 알게 되었다. 또한 그 증명들 속에는 그들의 연구 대상의 존재에 대해 나를 확신시키는 것이 전혀 없다는 것도 알게 되었다.

예를 들어, 하나의 삼각형이 주어졌다고 가정하면, 삼각형의 세 각의 합은 반드시 두 개의 직각과 동일해야 한다는 것은 명확하게 이해했지만, 하지만 그런 이유로 이 세상에 어떤 삼각형이 존재한다는 것을 확신하도록 해주는 것은 전혀 알아차릴 수 없었다.

반면에 내가 갖고 있던 완전한 존재에 대한 관념으로 돌아왔을 때, 나는 신의 존재가 관념에 포함되어 있다는 것을 발견했다. 이와 동일한 방식으로 또는 보다 더 명백하게, 세 각의 합이 두 개의 직각과 똑같다는 것이 삼각형의 관념에 포함되어 있으며, 모든 부분들이 중심으로부터 똑같은 거리에 있다는 것이 구(球)의 관념에 포함되어 있다는 것을 발견했다. 그 결과로서 적어도 완전한 존재인 신이 기하학의 그 어떤 증명만큼이나 확실하게 있거나 존재한다는 것을 발견했다.

그러나 신을 인식하는 것이나 심지어 자신들의 영혼이 무엇인지를 인식하는 데 문제가 있다고 확신하는 사람들이 많다는 것은 자신들의 정신을 감각적인 사물들의 영역 이상으로는 절대끌어올리지 않는다는 것이며, 상상에 의한 것 외에는 아무것도 생각하지 않는데 익숙해져 있는 것으로, 상상할 수 없어 보이는 것은 모두 인식할 수 없어 보인다는 물질적인 대상들에 한정된 사고방식인 것이다.

이것은 학계의 철학자들조차 '감각 안에 먼저 존재하지 않는 것은 지성 속에도 없다'는 것을 격률로 삼고 있다는 사실에서도 명확히 드러난다. 하지만 신과 영혼에 대한 관념은 감각 안에 있었던 적이 없었다는 것은 분명하다.

이러한 관념들을 이해하기 위해 상상력을 활용하려는 사람들은 마치 소리를 듣거나 냄새를 맡기 위해 눈을 사용하려는 것과 똑같은 일을 하려는 것으로 보인다. 이러한 차이가 있기는 하다. 즉, 시각은 후각이나 청각 못지않게 사물의 실체를 확인시켜 주지만, 상상력이거나 감각은 만약 지성이 개입하지 않는다면 그 어떤 것의 존재도 확인시켜줄 수 없다는 것이다.

마지막으로 내가 제시한 논거들에 의해서도 여전히 신과 그들 자신의 영혼의 존재에 대해 충분히 확신하지 못하는 사람들이 있다면, 그들에게 신체가 있다거나 별들과 지구가 있다는 것과 같이 그들이 보다 더 확신할 수 있다는 다른 모든 것들이 사실은 그다지 확실한 것이 아니라는 사실을 알려주고 싶다.

비록 이러한 것들에 대해 확신을 갖는 실용적인 목적으로 인해 의도적으로 어긋나려 하지 않고서는 의심할 수 없을 것으로 보이겠지만, 그럼에도 불구하고 형이상학적인 확실성이 문제가 될 경우, 분별력이 없지 않는 한, 완벽하게 확신할 수 없을 만큼 충분한 근거들이 있음을 부정할 수는 없기 때문이다.

즉, 우리는 잠을 자면서 실제로는 없지만 또 다른 육체가 있다거나 다른 별들과 지구를 본다고 상상할 수 있는 것과 같은 경우이다. 꿈속에서 떠오르는 생각들이 깨어났을 때의 생각만큼이나 생생하고 선명한 것을 볼 때, 꿈속의 생각들이 더 부정확하다는 것을 어떻게 알 수 있을 것인가?

제아무리 훌륭한 정신을 지닌 사람들이 이 문제를 연구한다해도, 신의 존재를 전제로 하지 않는다면 이런 의심을 없애기에 충분한 어떠한 논거도 제공할 수 있을 것이라고 믿지 않는다.

무엇보다 먼저 앞에서 내가 제시했던 규칙도 — 말하자면, 우리가 매우 명확하고 뚜렷하게 생각한 것들이 모두 진실이라는 — 오직 신이 있거나 존재하기 때문에 확실하다는 것이다. 신이 완전한 존재라는 것 그리고 우리에게 있는 모든 것은 오직 신에게서 비롯되었다는 것 때문에 확실한 것이다.

그것에서부터 우리의 관념이나 생각들은, 분명하고 뚜렷한 것에 한해 실재하는 것이며, 신에게서 비롯된 것으로서 진실일 수밖에 없는 것이다. 그러므로 만약 우리가 너무나도 자주 일정한 거짓을 포함하는 관념을 갖게 된다면, 이것들은 오직 어떤 방식으로든 혼란스럽거나 불분명한 어떤 것을 포함하고 있을 때만 가능하다. 여기에서 그것들은 무(無)가 관여했기 때문인데, 다시 말하자면, 우리가 전적으로 완전하지 않기 때문에 혼란스러운 형태로 우리 안에 있는 것이다.

그리고 거짓 혹은 불완전성이 신으로부터 유래한다는 명제는 진리 혹은 완전성이 무로부터 유래한다는 명제만큼이나 모순이라는 것은 명확하다. 하지만 만약 우리 안에 실재하며 진실인 것이 완전하고 무한한 존재에서 비롯된 것임을 모른다면 우리의 관념들이 제아무리 명확하고 뚜렷한 것일지라도, 그 관념들이 진실이라는 완전성을 갖고 있다고 확신할 수 있는 그 어떤 근거도 없는 것이다.

이제 신과 영혼에 대한 지식이 일단 이 규칙에 대해 확신하도록 했다면, 우리가 꿈속에서 상상하는 것들이 깨어 있는 동안 갖고 있는 생각들의 진실성을 결코 의심하도록 만들지 못한다는 것은 쉽게 결정할 수 있는 문제이다. 비록 잠을 자고 있는 동안 아주 분명한 어떤 관념을 갖게 된다 해도, 예를 들자면, 어떤 새로운 증명을 발견한 기하학자의 경우에 그가 잠을 자고 있다는 사실이 그것의 진실함을 막지는 못할 것이기 때문이다.

그리고 우리들의 외부적인 감각들과 똑같은 방식으로 다양한 대상들을 우리에게 나타내는 꿈이 갖는 가장 일반적인 오류는 그러한 관념들의 진실성을 믿지 않을 근거를 제공한다 해도 문제가 되지 않는다. 왜냐하면 우리의 감각들 역시 잠들어 있지 않더라도 꽤나 자주 우리를 현혹시킬 수 있기 때문이다. 이를테면 황달에 걸린 사람들에게는 모든 것이 노랗게 보인다거나 별들이나 그밖의 아주 먼 곳의 물체들은 실제보다 훨씬 작게 보이는 경우와 같다.

결국 우리가 깨어 있거나 잠들어 있거나 상관없이 우리의 이성의 증거 외에는 절대로 확신을 가져서는 안 되기 때문이다. 그리고 내가 여기에서 '우리의 상상'이거나 '우리의 감각'이 아닌 '우리의 이성'이라고 말하는 것에 주목해야 한다. 비록 우리가 태양을 아주 명확하게 보고 있다 해도 그런 이유로 태양의 크기가 우리가 보고 있는 정도밖에 안된다고 판단한다거나, 염소의 몸통 위에 사자의 머리가 붙어 있는 것으로 상상할 수 있다 해서 반드시 키메라*(그리스 신화 속의 동물)가 이 세상에 존재한다고 결론을 내려서는 안 된다. 이성은 이런 방식으로 보거나 상상하는 것이 진실한 것이라고 우리에게 지시하지는 않기 때문이다.

그러나 이성은 분명 우리의 모든 관념들이거나 개념들이 일정한 진리의 기초를 가져야만 한다고 지시한다. 지극히 완전하고 전적으로 진실한 신이 진리의 기초가 없음에도 불구하고 그러한 것들을 우리에게 주었다는 것은 가능하지 않기 때문이다.

(비록 잠들어 있을 때의 우리들의 상상들이 때로는 깨어 있을 때만큼이나 생생하고 뚜렷하다 해도) 잠들어 있을 때의 우리들의 추론 과정들은 깨어 있을 때만큼 지극히 명료하거나 지극히 완전하지 않다. 그러므로 이성은 우리가 전적으로 완전하지 않기 때문에 우리의 생각들이 모두 진실할 수는 없으며, 우리의 생각들 속에 있는 진실성은 꿈속에 있을 때보다 오히려 깨어 있을 때 확실하게 발견되리라는 것 역시 가르쳐 준다.

제5부

자연학적 문제들의 순서

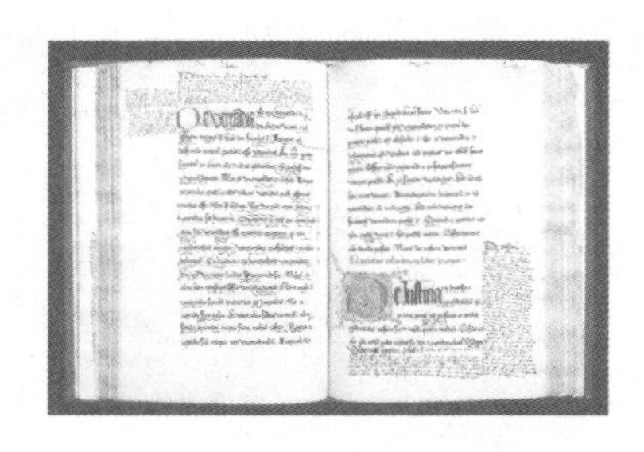

나는 즐거운 마음으로 이 작업을 계속해 가면서, 첫 번째로 제시한 것들에서 이끌어낸 그 밖의 진리들을 연쇄적으로 모두 보여줄 것이다. 하지만 그러한 목적을 위해서는 학자들 사이에서 논쟁이 되고 있는 여러 가지 문제*(데카르트는 아리스토텔레스의 형이상학을 기반으로 하는 스콜라 철학을 유일한 진리로 받아들이지 않았다.) 들에 대해 언급할 필요가 있을 것이지만 그들과 휩쓸리고 싶지는 않으므로, 그렇게 하지 않고 단지 그러한 문제들이 무엇인지를 개괄적으로 설명하는 것이 나로서는 최선일 것이라고 믿는다. 그 문제들에 대해 보다 자세히 알리는 것이 대중에게 유익할지에 대해서는 보다 더 현명한 사람들의 판단에 맡기려 한다.

나는 줄곧 신과 영혼의 존재를 증명하기 위해 사용했던 원리들 외에는 그 어떤 원리도 가정하지 않을 것이며, 기하학자들의 증명들보다 더 명확하고 확실해 보이지 않는 그 어떤 것도 진실이라 받아들이지 않겠다는 결정을 굳게 지켜왔다.

하지만 짧은 시간 내에 철학에서 통상적으로 논의하는 주요한 모든 난제들에 대해 나 스스로 만족할 만한 방법을 발견했을 뿐만 아니라, 신이 자연 속에 정립해놓은 확실한 법칙들 역시 알게 되었다고 감히 말하려 한다.

신은 그런 개념들을 인간의 영혼 속에 각인시켜 두었으므로 그것들에 대해 충분히 성찰한다면 우리는 그것들이 이 세상에 존재하거나 발생하는 모든 것에서 엄격하게 준수되고 있다는 것을 의심할 수 없게 된다. 더 나아가, 이러한 법칙들에서 비롯된 것들에 대한 성찰로 나는 지금까지 배웠거나 심지어는 배우고자 했던 것들보다 더 유용하고 중요한 많은 진실들을 발견했던 것으로 보고 있다.

그러나 논문을 통해 이러한 가장 중요한 것들을 설명하려 했지만 이런저런 상황들로 인해 발표할 수 없었기 때문에, 여기에서 그 논문에 담으려 했던 것들을 간략하게 밝히는 것보다 더 나은 방법은 없을 것 같다.*(갈릴레오 갈릴레이의 유죄 판결 소식에 보류

한《우주론》을 말한다).

이 서설을 쓰기 전에 나는 물질적인 사물의 본성에 대해 내가 알고 있다고 믿었던 모든 것을 담으려 했다.

그러나 어떤 입체의 다양한 면들을 평평한 그림 속에 차별 없이 표현할 수 없어서 주요한 면들 중 한 가지 면만을 선택해 빛을 비추고 나머지 면들은 그늘 속에 배치하여 그 선택된 면을 볼 때만 다른 면들을 볼 수 있을 정도까지 표현하는 것과 마찬가지로, 내 생각 속의 모든 것을 여기에 담을 수는 없을 것이라 걱정했던 나 역시 오직 빛에 대한 생각만을 충분히 밝히기로 했다.

거기에다, 빛은 거의 모두 태양과 항성들에서 생기기 때문에 그것들에 대한 내용을 추가했으며, 그 빛을 전달하기 때문에 하늘에 대한 내용을 추가하고, 그 빛을 반사하기 때문에 행성과 혜성 그리고 지구에 대한 내용을 추가하고, 빛깔이 있거나 투명하거나 빛을 내기 때문에 특별히 지상의 물체들에 대한 내용을 추가하고, 마지막으로 이 모든 것들의 관찰자이기 때문에 인간에 대한 내용을 추가했다.

그리고 이러한 것들이 주목받지 못하도록, 그리고 굳이 학자들의 견해들에 따르거나 반박하지 않고 내가 생각했던 것을 보다 더 자유롭게 말할 수 있도록 하기 위해, 나는 이 세상의 일은 전부 학자들의 논의에 맡겨버리고, 오직 새로운 세상에서 일어날 일에 대해서만 말하기로 결정했다.

신이 지금 가상의 공간 어딘가에 이 새로운 세계를 구성하기에 충분한 물질을 창조하려 하고, 이 물질의 서로 다른 부분들을 다양하고 무차별적으로 심하게 흔들어대는 방식으로 어떤 시인이든 상상할 수 있을 정도로 혼란스러운 카오스를 만들어내려 한다고 하자. 그리고 그 후에 신은 자신의 통상적인 방식으로 자연을 유지하는 것 이상의 일은 하지 않고 자신이 정립한 법칙들에 따라 움직이도록 내버려두려 한다고 하자.

이러한 가정에 따라 나는 우선 이 물질을 설명했으며, 앞에서 신과 영혼에 대해 언급했던 것 외에는, 이보다 더 명확하고 더 알기 쉬운 것이, 내가 생각하기에, 이 세상에는 없다는 것을 제시하려 노력했다. 심지어 나는 그 물질 안에는 학교의 철학자들에 의해 논의되고 있는 형상이나 성질*(아리스토텔레스의 형이상학은, 사물은 물체 위에 형상화됨으로써 실재한다. 그러나 데카르트는 물체의 본질은 운동중인 연장성에 있다고 주장하며, 자연 전체를 오직 운동성과 연장성의 관점에서 설명할 수 있다고 말한다. 이것은 훗날 뉴턴의 역학 운동으로 입증됨으로써 근대 과학 혁명의 근간이 되었다.) 같은 것은 전혀 포함되어 있지 않으며, 그 물질에 대해 우리가 모른다고 꾸밀 수조차 없을 정도로 우리들의 정신이 자연스럽게 알 수 없는 것은 전혀 없다는 명확한 가정까지 했기 때문이다.

게다가 나는 자연법칙이 어떤 것인지를 밝혔으며, 신의 무한한 완전성 외의 다른 원리는 추론의 근거로 삼지 않으면서 어느 정도 의심의 여지가 있는 법칙들을 모두 증명하려 했다. 그리고 비록 신이 많은 세상들을 창조했다 해도 그 법칙들이 지켜질 수 없는 세상은 없다는 것을 보여주려 했다.

그 후에 나는 이 혼돈 물질의 주요한 부분이 어떻게 이러한 법칙들에 따라 우리들의 머리 위에 있는 하늘(천공)과 비슷한 방식으로 배치되고 배열되어야만 하는지를 보여주었다. 동시에 그 일부분은 어떻게 지구를 구성하고, 다른 부분들은 행성과 혜성을 구성하며, 또 다른 어떤 부분들이 태양과 항성들을 구성해야만 하는가를 보여주었다.

그리고 여기에서 빛이라는 주제로 확장하여 태양과 천체에서 발견되는 빛의 성질과 순식간에 하늘의 광활한 공간을 가로지르는 방법 그리고 어떻게 행성이나 혜성에서 지구를 향해 반사되는지를 자세하게 설명했다.

또한 이러한 하늘과 별들의 실체, 위치, 움직임 그리고 다양한 성질들에 대한 많은 것들 역시 덧붙였다. 그렇게 하여 내가 설명했던 그 세상에 나타나지 않거나 적어도 전체적으로 비슷하게 나타날 수 없는 것이 우리들의 세상에서 관측되지 않을 수는 없다는 것을 보여주기 위해 충분히 설명했다고 생각한다.

다음으로 나는 특별히 지구에 대해 말하면서, 비록 신은 지구를 구성하는 물질에 아무런 무게도 부여하지 않았다고 명확하게 가정했지만 그럼에도 불구하고 지구의 모든 부분들이 어떻게 어김없이 그 중심을 향하고 있는지를 이야기했다. 그리고 어떻게 해서 지구의 표면에 물과 공기가 있는지, 하늘과 천체의 배치(주로 달의 배치)가 어떻게 바다에서 관찰되는 것과 모든 면에서 비슷한 조수(潮水)의 움직임을 일으키게 되는지, 이런 모든 것들과 더불어 공기와 물이 열대지방에서 볼 수 있는 것과 같이 동쪽에서 서쪽으로 향하는 일정한 흐름을 보이는지, 어떻게 산, 바다, 샘물 그리고 강물이 자연스럽게 형성되었는지, 광산에서 발견되는 광물과 들판에서 자라는 식물 그리고 일반적으로 혼합되거나 합성된 모든 물체들이 그곳에 생기게 되었는지를 이야기했다.

그리고 다른 것들 중에서도 천체 외에는 이 세상에서 빛을 만들어내는 것은 불뿐이 없다는 것을 알고 있었기 때문에 불의 성질에 속하는 모든 것, 즉 불은 어떻게 만들어지고 타오르는지, 어떻게 때로는 빛도 없이 오직 열만 있으며, 때로는 열은 없고 빛만 있는지, 어떻게 서로 다른 물체들에 다양한 색깔들을 입히고 다양한 그 밖의 성질들을 부여할 수 있는지, 어떻게 어떤 것은 녹이고 어떤 것은 단단하게 만드는지, 어떻게 거의 모든 것을 태울 수 있으며 그것들을 재나 연기로 변질시킬 수 있는지, 그리고 마지막으로는 어떻게 그 작용의 위력만으로 이러한 재로부터 유리를 만들어낼 수 있게 되는지를 매우 명확하게 설명하려고 시도했다.

이것을 설명하면서 나는 특별한 기쁨을 누렸는데, 재에서 유리로 변질되는 것이 내게는 자연에서 일어나는 다른 어떤 일들만큼이나 놀라운 것이었기 때문이었다.

하지만 이 모든 것들로부터 이 세상이 내가 제시한 대로 창조되었다고 추론하고 싶지는 않았다. 태초부터 신이 이 세상을 이렇게 만들었다는 것이 훨씬 더 그럴 듯하기 때문이다. 그러나 신이 이 세상을 보존하는데 적용하고 있는 작용은 이 세상을 창조했던 것과 똑같다는 것은 분명하다(이것은 신학자들 사이에서 널리 믿고 있는 견해이다).

그러므로 비록 신이 태초에 카오스 외의 다른 형태를 제공하지 않았다 해도, 자연의 법칙들을 확립했으며 자연이 통상적으로 작용하던 그대로 작용하도록 도왔다고 가정한다면, 우리는 창조의 기적에 의심을 품지 않으면서도 순수하게 물질적인 것들은 모두 시간이 흐르면서 오직 현재 우리가 보고 있는 방식으로만 될 수 있었다고 믿을 수 있을 것이다. 그리고 물질적인 것들의 본성은 이런 식으로 서서히 생겨난다고 생각하는 것이 완성된 형태로만 생각하는 것보다 훨씬 더 이해하기 쉽다.

나는 생명 없는 것들과 식물에 대한 설명에서 동물들, 특히 인간에 대한 설명으로 나아갔다. 하지만 다른 것들에 대한 것과 같은 방식으로 말할 수 있을 만큼 아직 충분히 아는 것이 아니기 때문에, 다시 말해, 원인으로부터 결과를 증명하거나 어떤 요소들로부터 그리고 어떤 과정에 의해 자연이 그것들을 만들어내는지 보여줄 수는 없었다. 나는 신이 인간의 신체는 외부 형태나 기관들의 내부 구조를 모두 그의 동류들과 전부 비슷하게 만들어 놓았으며 이미 설명했던 것과 같은 물질로 구성하고, 처음에는 이성적인 영혼 혹은 식물적이거나 감각적인 영혼으로 작용할 수 있는 그 어떤 것도 심어놓지 않았으며, 단지 이미 설명했던 빛이 없는 불들 중의 한 가지(내가 생각했던 그것의 성질은 건조되기 전에 저장되었을 때 건초를 뜨거워지게 하는 불 또는 찌끼 위에 효소를 놓았을 때 새로운 와인의 온도를 높이는 불과 전혀 다르지 않다)를 인간의 심장에서 타오르게 했다는 가정에 만족해야 했다.

이러한 가정의 결과로서 이런 신체 내에 있을 수 있는 기능들을 검토하면서 나는 모든 사고 능력과 관계없는 것들, 즉 앞에서 말했듯이 신체와 구별되는 부분이며 오직 생각하는 것이 유일한 특성인 우리의 영혼이 아무런 역할도 하지 않으며 우리 내부에 존재할 수 있다는 것을 정확하게 발견했기 때문이었다.

이러한 기능들은 이성이 없는 동물들도 우리와 유사하게 갖추고 있다고 말할 수 있는 것과 똑같은 것이다.

하지만 신체 내에서는 생각에 의존하는 것으로서 인간인 우리에게만 속하는 기능들은 그 어떤 것도 발견할 수 없었다. 그 후에 일단 신이 이성적인 영혼을 창조했으며, 앞에서 설명한 특별한 방법으로 영혼을 신체와 결합시킨 것이라고 가정하게 되자 그러한 기능들을 모두 발견할 수 있었다.

하지만 내가 이 문제를 어떻게 다루었는지 이해할 수 있도록 여기에서 심장과 동맥들의 운동에 대해 설명하려 한다. 이 운동은 동물들에서 관찰되는 가장 중요하고 가장 일반적인 것으로 여러분은 다른 모든 운동들에 대해 어떻게 생각해야만 하는지를 보다 쉽게 판단할 수 있을 것이다.

이것에 대한 나의 이야기를 어렵지 않게 이해할 수 있도록 해부학에 익숙하지 않은 사람들은 이 내용을 읽기 전에 폐가 있는 커다란 동물의 절개된 심장을 앞에 두고(이것은 모든 면에서 인간의 심장과 흡사하기 때문이다), 두 개의 심실 혹은 구멍(내강 內腔)들이 보이도록 놓아두기를 바란다.

우선, 오른쪽에 있는 심실에는 아주 굵은 두 개의 관이 연결되어 있다. 그것은 혈액의 주요 수용기관인 대정맥으로, 말하자면 나무의 줄기와 같은 것으로 신체 내의 다른 모든 정맥들은 대정맥의 가지인 셈이다. 다른 하나는 틀리게 명명된 동맥성 정맥으로 사실은 동맥이며, 심장에서 비롯된 것으로서 심장에서 나와 폐 전체로 퍼져 나가는 많은 가지들로 나누어진다.

다음으로, 심장 왼쪽에 있는 구멍도 똑같은 방식으로 두 개의 관과 연결되어 있으며, 앞에서 말한 것들만큼 굵거나 더 굵은 것이다. 그 중 하나는 정맥성 동맥인데 많은 가지들로 나누어진 폐로부터 나와 동맥성 정맥의 가지들 그리고 우리가 호흡하는 공기가 들어오는 기관(氣管)이라 불리는 관과 서로 얽히는 정맥일 뿐이므로 역시 틀리게 명명된 것이다. 그리고 다른 하나는 심장에서 나와 신체 전체에 가지를 뻗고 있는 대동맥이다.

또한 여러분들에게 마치 여러 개의 작은 문처럼 두 개의 심실(구멍)에 있는 네 개의 구멍을 열고 닫는 11개의 작은 판막도 꼼꼼히 살펴볼 것을 권한다. 즉, 대정맥으로 향하는 입구에 있는 세 개의 판막은 심장의 우심실로 흘러들어오는 혈액을 막을 수는 없지만 동시에 혈액이 그곳에서 나가는 것을 완벽하게 멈추도록 배치되어 있다.

동맥성 정맥의 입구에 있는 세 개의 판막은 이와는 정반대로 배치되어 심실 안에 있는 혈액이 폐로 흘러가는 것은 허용하지만 폐에서 심장으로 돌아오는 것은 막는다. 그리고 대동맥 입구에 있는 세 개는 그 심실에 있는 피가 심장에서 나오는 것은 허용하되 되돌아가지는 못하게 막는다.

그리고 정맥성 동맥의 입구에 있는 다른 두 개의 판막은 똑같은 방식으로 폐로부터 좌심실로 흘러들어가도록 하지만 되돌아오는 것은 막는다. 그리고 대동맥의 입구에 있는 세 개는 심장에서 혈액이 나가도록 하지만 돌아오는 것은 막는다.

정맥성 동맥의 구멍(입구)이 그 위치로 인해 타원형이어야 두 개의 판막이 쉽게 닫힐 수 있는 반면에 다른 것들은 원형으로 세 개일 때 보다 더 쉽게 닫힐 수 있다는 것이므로, 이러한 판막들의 수에 대해서는 그 밖의 다른 이유들을 찾아볼 필요는 없다.

더 나아가 대동맥과 동맥성 정맥은 정맥성 동맥과 대정맥보다 훨씬 더 단단하고 견고한 조직으로 구성되어 있으며, 정맥성 동맥과 대정맥은 심장으로 들어가기 전에 넓게 벌어져 심이(心耳)라 불리는 두 개의 주머니를 형성하는데 이것은 심장과 비슷한 물질로 구성되어 있다.

심장 내부는 신체의 다른 어떤 부분들보다 언제나 열이 더 많으므로 결국 이러한 열은 모든 액체가 아주 뜨거운 그릇 속에 한 방울씩 떨어질 때와 똑같은 방식으로 심실로 들어오는 혈액을 즉시 팽창하도록 만들 수 있다.

이 정도면 심장의 운동을 더 설명할 필요는 없을 것 같다. 다만, 심실들에 혈액이 가득 차 있지 않으면 혈액은 반드시 대정맥에서 우심실로 흐르며 정맥성 동맥에서 좌심실로 흐른다는 것이다. 즉, 이 두 가지 혈관은 언제나 혈액으로 가득 차 있으며 심장 쪽으로 열려 있는 그것들의 구멍은 차단될 수 없기 때문이다. 하지만 두 방울의 혈액이 한 방울씩 각각의 심실로 들어간다면(이 혈액 방울들은 들어가려는 구멍은 아주 넓으며 들어오는 혈관들은 혈액으로 가득 차 있기 때문에 아주 커질 수밖에 없다.) 그 즉시 그곳의 열 때문에 묽어지고 팽창한다.

이런 방식으로 심장 전체를 팽창시키게 되고 혈액이 흐르는 두 개의 혈관 입구에 있는 다섯 개의 작은 문들을 밀어 닫히게 해 더 이상의 혈액이 심장으로 흘러 들어오지 못하게 막는다. 점점 더 묽어지는 혈액 방울들은 계속해서 다른 두 혈관의 입구에 있는 여섯 개의 작은 문들을 열고 심장을 벗어나며, 이런 방식으로 심장과 거의 동시에 동맥성 정맥과 대동맥의 모든 가지들을 팽창시키게 된다.

그 직후에 심장은 동맥들과 마찬가지로 수축하게 된다. 동맥으로 들어온 피가 식기 때문이며, 그곳에 있는 여섯 개의 작은 문들은 다시 닫히게 된다. 그리고 대정맥과 정맥성 동맥의 문 다섯 개가 다시 열리면서 새로운 혈액이 통과하도록 하여 앞에서와 마찬가지로 심장과 동맥들이 팽창하도록 한다.

그리고 이런 방식으로 심장에 들어온 피는 심이라 불리는 두 개의 주머니들을 통과하기 때문에, 심이의 운동은 심장의 운동과 반대이며, 심장이 팽창할 때 심이들은 수축한다.

마지막으로, 수학적 증명의 힘도 모르며, 그럴 듯한 추론과 진정한 추론을 구별하는데 익숙하지 못한 사람들이 검토도 하지 않고 이것을 모두 제멋대로 부정하지 않도록 하기 위해, 내가 방금 설명한 심장 운동은 필연적으로 심장에서 눈으로 직접 볼 수 있는 기관(器官)들의 단순한 배치와 손가락으로 직접 느낄 수 있는 열 그리고 관찰을 통해 알 수 있는 혈액의 특성으로부터 발생하는 것이라는 사실을 밝혀두고 싶다. 이것은 시계의 운동이 그 평형추와 톱니바퀴의 힘과 위치 그리고 형태로부터 발생하는 것과 똑같은 방식이다.

하지만 만약 누군가가 정맥 속의 혈액이 이런 식으로 줄곧 심장으로 흘러 들어가는데 왜 고갈되지 않는지 그리고 심장을 통과하는 혈액은 모두 동맥으로 가는데 왜 동맥들은 혈액으로 가득 차지 않는지 물어본다면, 이 주제에 대한 실마리를 풀었다고 찬사를 받았던 영국의 어떤 의사*(1628년 《심장 및 혈액 운동에 관하여》를 저술한 윌리엄 하비)가 이미 제시했던 대답을 들려주기만 하면 될 것이다. 그는 동맥의 말단에는 작은 통로들이 많이 있으며, 그곳들을 통해 심장으로부터 받은 혈액은 정맥의 작은 가지들로 들어가며, 그곳으로부터 혈액은 다시 심장으로 돌아가므로 혈액의 흐름은 끊임없는 순환일 뿐이라는 것을 처음으로 밝혀냈다.

그는 정맥을 절개한 부위 위쪽의 팔을 적당히 묶어 팔을 묶지 않았을 때보다 피가 더 많이 나오게 했던 외과 의사들의 평범한 실험으로 이것을 대단히 명확하게 입증했다. 그리고 만약 그 부위 아래쪽인 손과 절개된 정맥 사이를 묶거나, 그 위쪽을 아주 강하게 묶는다면 정반대의 일이 일어날 것이다. 적당히 묶은 것은 이미 정맥 속에 있는 혈액이 정맥을 통해 심장으로 돌아가는 것을 막을 수는 있지만 그로 인해 새로운 혈액이 동맥으로부터 도착하는 것을 멈출 수는 없다. 동맥이 정맥보다 아래에 위치해 있으며, 정맥보다 더 단단한 동맥의 막들은 상대적으로 압박하기 어렵기 때문이다.

그리고 심장에서 나오는 혈액은 동맥을 거쳐 손 쪽으로 지나갈 때 손에서 정맥을 거쳐 심장 쪽으로 되돌아갈 때보다 더 강하게 흐르는 경향이 있기 때문이다.

그리고 그 혈액은 정맥들 중 한 곳의 절개된 부위를 통해 팔을 빠져 나오기 때문에 묶은 곳 아래, 다시 말해 팔의 말단들 쪽의 동맥으로부터 나올 수 있는 혈액은 일정한 통로들이 반드시 있어야만 한다.

또한 그는 우선, 신체의 중심으로부터 말단으로 향하는 혈액이 통과하지 못하도록 막고 오직 말단에서 심장을 향해 돌아가는 것만을 허용하는 방식으로 정맥들을 따라 다양한 지점에 배치되어 있는 작은 판막들을 설명하며 혈액의 순환 역시 매우 훌륭하게 증명하고 있다.

두 번째로는 절단되었을 때, 비록 심장 가까운 곳이 단단히 묶여 있으며 심장과 묶은 곳 사이가 절단되었다 해도, 단 하나의 동맥에 의해서도 아주 짧은 시간 내에 신체 내의 모든 혈액이 빠져나갈 수 있다는 것을 보여주는 실험으로 증명해 보였다. 그러므로 혈액이 심장 외의 다른 어떤 곳에서 나온다고 생각할 만한 이유는 전혀 없다는 것을 보여준 것이다.

하지만 이러한 혈액의 운동이 일어나는 진정한 원인이 내가 이미 말했던 것과 같다는 증거가 되는 사실은 이밖에도 많이 있다. 첫째, 정맥에서 나오는 혈액과 동맥에서 나오는 혈액 사이에서 관찰되는 차이가 있다는 점이다. 이것은 오직 혈액이 심장을 거치면서 묽어지고, 이를테면, 증류되면서 심장에서 나온 직후가(즉 동맥들 안에 있을 때) 심장으로 들어가기 직전보다(즉 정맥들 안에 있을 때) 더욱 묽어지고 더 신선하며 더 뜨겁다는 사실에 의해서만 생길 수 있다. 그리고 만약 주의 깊게 관찰한다면, 이런 차이는 오직 심장 가까이에서만 명확하게 알아차릴 수 있으며 심장에서 멀리 떨어진 곳에서는 알아차릴 수 없다는 것을 발견하게 될 것이다.

다음으로, 동맥성 정맥과 대동맥을 구성하는 내벽이 단단하다는 것은 혈액이 정맥들보다 여기에 더 강하게 부딪친다는 것을 명확하게 보여준다. 그리고 심장의 왼쪽 구멍과 대동맥이 심장의 오른쪽 구멍과 동맥성 정맥보다 더 크고 넓은 것은, 만약 심장을 벗어난 후로 허파에만 있던 정맥성 동맥의 혈액이 직접 대정맥에서 흘러나온 혈액보다 더 묽으며 보다 더 쉽게 정화되기 때문이 아니라면 왜 그런 것일까? 그리고 만약 의사들이 혈액의 성질이 변하면서 심장의 열에 의해 그 전보다 더 크거나 적은 정도로 그리고 얼마간 빠르게 정화될 수 있다는 것을 모른다면 맥박을 짚는 것을 통해 무엇을 알아낼 수 있을까?

그리고 만약 이러한 열이 신체의 다른 부분들로 전달되는 방법을 조사해 본다면, 이것은 심장을 통과해 지나가면서 다시 가열되고 그곳에서부터 신체 전체로 퍼져나가는 혈액에 의해 일어난다는 것을 인정해야 하지 않을까?

이러한 사실로부터 만약 신체 어떤 부분에서 혈액을 제거하면 동일한 방법에 의해 열도 제거하게 되는 것이며, 비록 심장이 달아오른 쇠 조각만큼이나 뜨겁다 해도, 만약 새로운 혈액을 계속 보내지 않는다면 현재와 같은 정도로 손과 발을 따뜻하게 하는데 충분하지 않다는 것을 알게 된다. 또한 우리는 이것으로부터 호흡의 실제적인 기능이 폐 속으로 신선한 공기를 충분히 들여보내 혈액이 오른쪽 구멍으로부터 심장으로 들어가도록 하고, 그곳에서 묽어져 말하자면, 증기로 변했다가 심장의 왼쪽 구멍으로 돌아 들어오기 전에 짙어지면서 다시 한 번 혈액으로 변환된다는 것을 알게 된다. 만약 이렇게 되지 않는다면 심장에 있는 열기를 제대로 유지하는데 적합하지 않을 것이다.

이 모든 것들은, 폐가 없는 동물들의 심장에는 하나의 구멍밖에 없으며, 엄마의 태내에 있는 동안 폐를 사용할 수 없는 태아는 혈액이 대정맥에서 심장의 왼쪽 구멍으로 흐르게 되는 출입구 한 개와 폐를 거치지 않고 동맥성 정맥으로부터 대동맥으로 오게 하는 수송관(도관導管) 한 개가 있다는 사실에서 확인된 것이다.

그렇다면, 만약 심장이 동맥을 통해 우리가 섭취한 음식의 용해를 돕는 혈액의 가장 유동적인 부분들과 함께 열을 보내지 않는다면, 위에서 소화는 어떻게 일어날 수 있을까? 그리고 만약 혈액이 매일 반복적으로 백 번이나 이백 번 이상 심장을 통해 지나가면서 증류된다는 것을 고찰한다면, 이러한 음식의 즙을 혈액으로 변환시키는 작용을 쉽게 이해할 수 있지 않을까?

그리고 영양공급과 체내의 다양한 분비액의 생성을 설명하기 위해, 묽어진 혈액을 심장으로부터 동맥의 말단들을 통과하게 하는 힘이 혈액의 일정량은 도달하게 된 곳에 머물게 하고 그것들이 몰아낸 다른 일정량을 대신하게 된다는 것 외의 다른 어떤 말이 필요할까. 마주치게 되는 미세한 구멍의 위치와 형태 또는 크기에 따라 혈액의 일정량은 다른 것들과는 별개의 장소로 흘러가게 된다. 갖가지 곡물들을 서로 분리하는데 사용되는, 그물눈의 크기가 다양한 체에서 확인할 수 있는 것과 똑같은 방식인 것이다.

그리고 끝으로, 이 모든 것들 중에서 가장 놀랄 만한 것은 동물 정기의 발생이다. 이것은 아주 미약한 호흡 또는 대단히 순수하고 생기 넘치는 불꽃과 같은 것으로 심장에서 뇌로 지속적으로 매우 풍부하게 올라가 그곳에서 신경을 통과해 근육 속으로 들어가 모든 지체들에 움직임을 나누어준다.

혈액의 가장 활동적이면서 가장 침투성이 강한 부분이 다른 곳이 아닌 뇌로 방향을 잡도록 하는 다른 어떤 원인을 생각할 필요는 없다. 즉, 혈액을 그곳으로 운반하는 동맥들은 대부분 직접적으로 심장에서 나오며, 역학의 법칙들(이것은 자연의 법칙들과 동일하다)에 따라 많은 것들이 동일한 장소로 함께 이동해 가려 하지만 그 모든 것을 수용할 공간이 없을 때는(심장의 좌심실에서 나와 뇌를 향해 흘러가는 혈액의 일부분의 경우가 그렇듯이) 더 약하거나 덜 활발한 것들이 필연적으로 더 강한 부분에 의해 대체되고 이런 방식으로 더 강한 부분이 목적지에 도달하는 것이다.

이 문제들은 모두 이전에 발표하려 했던 논문에서 매우 상세하게 설명했다. 그 후에는 인간의 신체에 있는 신경과 근육의 어떤 구조가 동물 정기를 가능하도록 하는지를 보여주었다. 머리가 잘려나간 직후에 비록 더 이상 살아 있는 것은 아니지만 움직이면서 죽어가는 것을 볼 수 있듯이, 동물 정기가 어떻게 신체 내에서 여러 지체들을 움직이게 하는 힘을 갖게 하는지를 보여주었다.*(데카르트는 정신과 육체가 어떻게 상호작용하는 지에 대해 인체 내에 '송과선'이라는 기관이 있다고 주장했다.)

또한 깨어나고, 잠을 자고, 꿈을 꾸는 상태를 유발하기 위해 뇌에서는 어떤 변화들이 일어나야만 하는지, 빛, 소리, 냄새, 맛, 열을 비롯한 다른 모든 외부에 있는 대상들의 모든 성질들이 어떻게 감각들의 중개를 통해 다양한 관념들로 뇌에 각인될 수 있는지, 허기와 갈증을 비롯한 그 밖의 내면적인 욕구들 역시 어떻게 뇌에 관념들을 전달할 수 있는지, 즉 이러한 관념들을 수용하는 공통 감각으로 받아들여만 하는 것은 무엇인지, 그리고 그것들을 보존하는 기억과 관념들을 다양한 방식으로 변화시켜 새로운 관념으로 형성할 수 있는 상상력은 무엇인지 그리고 동물 정기를 근육에 배분하고, 우리 신체의 부분들이 의지의 지시 없이도 움직일 수 있는 것만큼이나 다양한 방법으로 감각과 내적인 욕구에 노출되는 대상들에 대해 우리의 지체들을 움직이게 하는 것은 무엇인지를 밝혔다.

이것은 인간의 기술로 모든 동물의 몸에 있는 뼈, 근육, 신경, 동맥, 정맥을 비롯한 모든 부분들에 비해 아주 적은 부분만을 사용해 얼마나 다양한 자동기계 또는 움직이는 기계들을 만들어낼 수 있는지를 아는 사람들에게는 전혀 이상한 일이 아니다.

그러므로 그들은 신체를 신의 손으로 만들어진 하나의 기계로서, 그것은 인간이 만들어낼 수 있는 그 어떤 것보다 비교도 할 수 없을 만큼 훌륭하게 정리되어 있으며 더욱 놀랍게 움직인다고 생각할 것이다.

여기에서 나는 만약 원숭이나 그 밖의 이성이 없는 동물의 기관들과 외형적인 모습을 갖춘 기계들이 있다면, 우리에게는 그것들이 이러한 동물들이 갖고 있는 것과 똑같은 성질을 갖고 있지 않다는 것은 전혀 알 수 없지만, 반면에 만약 우리들의 신체와 닮았으며 실제로 가능한 한 우리의 행동들을 모방할 수 있는 기계들이 있다면 우리에게는 여전히 그것들이 진짜 인간이 아니라는 것을 알아차릴 수 있는 두 가지 확실한 수단이 있다는 것을 보여주기 위해 이 문제를 길게 논의하고 있는 것이다.

첫 번째는 다른 사람들에게 우리의 생각을 밝히기 위해 하는 것처럼 기계들은 절대로 말을 사용하거나 다른 기호들을 만들어낼 수 없다는 것이다.

단어들을 밖으로 내보내거나 심지어는 그것의 기관 속에 상응하는 변화를 일으키는 신체적인 행동에 대한 단어들을 발음하는 것과 같은 방식으로 만들어진 기계는 충분히 생각할 수 있지만 (예를 들어, 만약 우리가 그것의 어떤 곳을 만진다면 무엇을 원하는지 묻는다거나, 만약 다른 어떤 곳을 만진다면 아프다고 외친다거나 하는 것과 같은) 가장 머리가 둔한 사람일지라도 할 수 있는 것처럼 면전에서 전해지는 것들의 의미에 맞춰 이러한 단어들을 다양한 순서로 배열해내는 기계는 생각할 수 없다.

두 번째 방법은 비록 그런 기계들이 인간만큼이나 많은 일들을 할 수 있거나 심지어는 더욱 잘 할 수 있다 해도, 필연적으로 할 수 없는 다른 어떤 일들이 있을 것인데 이것에 의해 우리는 그것들이 의식적으로 행동하는 것이 아니라 단지 그것들의 기관이 일정한 방식으로 배열되어 있기 때문이라는 것을 발견하게 될 것이다.

이성은 모든 종류의 상황에서 작용할 수 있는 보편적인 도구인데 반해 그것들의 기관은 각각의 특별한 행동마다 특수한 배열을 갖추어야만 하기 때문이다. 여기에서 삶의 모든 상황에서 우리의 이성이 행동하도록 이끄는 것과 똑같은 방식으로 하나의 기계 속에 충분히 다양한 기관들을 갖추게 한다는 것은 현실적으로 불가능하다.

이제 우리는 이 두 가지 방법에 의해 인간과 동물 사이의 차이점 역시 결정할 수 있다. 제아무리 머리가 둔하고 어리석거나 심지어 광인일지라도 여러 가지 단어들을 배열하고 그것을 발언으로 구성하여 자신들의 생각을 알릴 수 없는 사람은 전혀 없다는 것은 대단히 주목할 만한 사실이기 때문이다. 그것에 비해 제아무리 완전하고 태생적으로 훌륭한 능력을 갖추었다 해도 이와 비슷한 일을 할 수 있는 다른 동물은 전혀 없다.

이것은 기관들이 부족해서 생기는 일도 아니다. 까치와 앵무새는 우리처럼 소리를 낼 수는 있지만 우리처럼 말을 할 수는 없다. 즉, 말하고 있는 것이 자신이 생각하고 있는 것임을 보여줄 수 없는 것이다. 반면에 농아(聾啞)로 태어나 말을 하는데 사용되는 기관들이 동물만큼이나 혹은 그보다 더 갖추지 못하게 된 사람들은 일반적으로 평소 함께 지내는 동료들이나 그들의 언어를 배울 여유가 있는 사람들에게 자신들을 이해시킬 일정한 기호들을 만들어낸다. 이것은 동물이 인간보다 이성을 제대로 갖추고 있지 못하다는 것뿐만 아니라 전혀 없다는 것을 보여준다.

말을 할 수 있기 위해서는 아주 적은 이성만이 필요하다는 것은 분명하기 때문이다. 인간들의 경우와 마찬가지로 동일한 종에 속하는 동물들 사이에도 불평등이 발견되며, 다른 동물보다 더 쉽게 훈련될 수 있다고 가정한다면, 같은 종(種) 중에서도 가장 완벽한 원숭이나 앵무새일지라도, 그것들의 영혼이 인간의 영혼과 전혀 다르지 않다고 하면, 가장 우둔한 어린이 또는 적어도 정신 장애가 있는 어린이만큼 말을 할 수 없다는 것은 믿을 수 없는 일인 것이다.

그리고 욕구의 표시이며, 동물들은 물론 기계들에 의해 모방될 수 있는 자연적인 동작들과 말을 혼동해서는 안 된다. 또한 어떤 고대의 철학자들이 그랬던 것처럼 비록 우리가 알아듣지는 못하지만 동물들이 말을 한다고 생각해서도 안 된다. 만약 그것이 사실이라면 동물들에게는 우리의 기관과 일치하는 기관들이 많이 있기 때문에 같은 종의 동료들뿐만 아니라 우리도 이해시킬 수 있을 것이기 때문이다.

또한 대단히 주목할 만한 사실은, 비록 많은 동물들이 일정한 행동들에서 우리가 하는 것보다 더 훌륭한 솜씨를 보여주지만, 그럼에도 불구하고 다른 많은 행동들에서는 전혀 보여주지 못한다는 것은 분명하다. 그러므로 그 동물들이 우리보다 더 잘 할 수 있는 것이 어떤 정신적인 능력이 있다는 사실을 증명하는 것은 아니다. 만약 그렇다면 동물들이 모든 면에서 우리보다 더 많은 지능을 갖추고 있으며 우리를 능가하는 것이기 때문이다. 그보다 이것은 오히려 동물들에게는 그 어떤 정신적인 능력이 전혀 없으며 자연이 동물들 속에서 기관들의 배치에 따라 작용하고 있다는 것을 보여준다.

마치 톱니바퀴와 태엽만으로 구성된 시계가 우리의 모든 지혜에도 불구하고 우리보다 더 정확하게 시각들을 계산하고 시간을 측정할 수 있는 것과 마찬가지다.

이것에 이어 나는 이성적인 영혼을 설명했으며, 내가 말했던 다른 것들과는 달리 영혼은 물질의 가능성으로부터 이끌어낼 수 없으며 단지 명확하게 창조되어야만 한다는 것을 보여주었다. 그리고 마치 수로 안내인이 배에 있는 것처럼 영혼이 인간의 신체에 머무는 것만으로는 충분하지 않다는 것을 보여주었다. 지체를 움직이게 하는 것 외에도 우리에게 있는 것과 같은 감정과 욕구를 갖고 그렇게 해서 진짜 인간을 구성하기 위해 보다 더 긴밀하게 신체와 연결되고 결합될 필요가 있다는 것을 보여주었다. 여기에서 영혼이라는 주제에 대해 좀 더 길게 논의한 것은 이것이 가장 중요한 것이기 때문이다.

앞에서 충분히 논박했다고 생각하는 신의 존재를 부정하는 사람들의 오류에 이어, 동물들의 영혼이 인간의 영혼과 동일한 특성을 갖고 있으므로 파리나 개미들과 마찬가지로 현재의 삶 이후에는 두려워할 것도 희망할 것도 전혀 없다고 상상하는 것보다 더 쉽사리 허약한 정신을 가진 사람들을 미덕의 좁은 길로부터 벗어나도록 만드는 것은 없기 때문이다.

하지만 우리가 파리와 개미와 얼마나 다른가를 알게 될 때, 우리의 영혼이 신체로부터 완전히 독립된 특성을 갖고 있으며 그 결과로서 영혼은 신체처럼 죽음에 종속되어 있지 않다는 것을 입증하는 논거들을 훨씬 더 잘 이해할 수 있게 된다.

영혼을 파괴할 수 있는 그 어떤 원인들도 발견할 수 없다고 가정하면, 우리는 자연스럽게 영혼은 불멸이라는 결론에 도달하게 될 것이다.

제6부

자연철학을 더 발전시키는 데 필요한 것

위와 같은 내용을 모두 담고 있는 논문*(《우주론》을 말한다)을 완성한 지 이제 3년이 되었다. 인쇄소에 넘길 수 있도록 퇴고를 시작할 무렵, 평소 내가 따르던 분들이 바로 얼마 전에 어떤 사람이 발표한 물리학 이론을 비난했다는 사실을 알게 되었다*(로마의 종교 재판소에서 갈릴레오 갈릴레이에게 유죄 판결을 내렸다는 소식을 말한다). 그들은 나의 이성이 나의 생각에 끼치는 것 못지않게 나의 행동을 좌우할 정도의 권위가 있는 사람들이다.

내가 그 이론에 동의했다고 할 정도까지 의견을 밝히고 싶지는 않다. 다만, 그분들의 비난 행위가 있기 전에는 그것에서 종교나 국가에 해가 된다고 생각할 수 있었던 것, 그리고 그 결과로서 만약 나의 이성이 그렇게 해야 한다고 납득시켰다면 그것에 대한 글쓰기를 막을 만한 내용은 전혀 발견하지 못했다는 것만은 밝히려 한다.

이 일은 대단히 명확하게 증명되지 않은 새로운 견해들은 절대로 인정하지 않을 것이며, 누군가에게 불이익을 끼칠 수도 있는 것에 대해서는 글로 쓰지 않겠다고 언제나 진지하게 조심했음에도 불구하고, 나 자신의 견해들 중의 한 가지도 똑같은 오해를 받을 수 있겠다는 걱정을 하도록 만들었다.

이 일은 나의 이론을 발표해야겠다는 결정을 번복하도록 만들기에 충분한 것이었다. 비록 이전에 발표를 결정했던 이유들은 아주 확고한 것이었지만 언제나 책을 쓰는 작업을 싫어하게 만들곤 하던 나의 타고난 성향이 그 작업을 하지 않을 다른 많은 이유들을 찾아내도록 이끌었기 때문이었다.

찬성을 하든 반대를 하든, 내가 그 이유들을 여기에서 밝혀두고 싶다는 생각이 어느 정도 있을 뿐만 아니라 대중들에게도 그것에 대해 알고 싶은 어느 정도의 관심은 있으리라 생각한다.

나는 내 정신에서 만들어진 것들을 대단하다고 생각한 적이 없으며, 내가 활용한 방법으로부터 별다른 이익을 얻지 못하는 한 (사변철학에 속하는 어떤 문제들에 대해 나 자신을 만족시키거나, 나에게 주입되는 가르침들에 의해 나의 삶을 이끌려고 노력하고 있다는 것과는 별개로) 그것에 대한 어떤 글을 써야만 한다고는 생각하지 않았다.

생활방식에 관한 한 누구나 자기 자신이 가장 잘 알고 있다고 굳게 믿고 있으므로, 만약 신이 백성들의 군주로 인정했거나 예언자가 되기에 충분한 은혜와 열성을 부여했던 사람들 외의 다른 사람들에게도 무언가를 바꾸려 시도하는 것이 허용된다면, 사람들의 수만큼이나 많은 개혁자들을 발견할 수 있을 것이기 때문이다.

비록 내 사색의 결과들에 대해 나는 대단히 만족하지만, 다른 사람들에게도 어쩌면 그 이상으로 만족하고 있는 자신들만의 결과들이 있을 것이라고 믿는다.

하지만 자연과학에 대한 일반적인 개념 몇 가지를 이해하게 되고 그것들을 여러 가지 특별한 문제들에 적용하여 실험해보기 시작하자 즉시 그것들이 어떤 결과에 도달하게 되고, 지금까지 적용되어왔던 원리들과 얼마나 많이 다른지를 알아차리게 되었다. 우리의 능력이 닿는 한 전 인류의 보편적인 행복을 촉진시켜

야 한다고 우리에게 부여된 규범을 거스르는 커다란 죄를 범하지 않고서는 그것들을 감추어둘 수 없다고 믿었다.

이러한 개념들은 나로 하여금 삶에 매우 유익한 지식을 얻는 것이 가능하며, 학교에서 배우는 사변철학과는 달리, 실천에 옮길 수 있다는 것을 알게 해주었기 때문이다. 이것에 의해, 우리가 장인들의 다양한 솜씨들을 알고 있는 것처럼 불, 물, 공기, 별, 하늘을 비롯한 우리 주변의 모든 물체들의 힘과 작용을 뚜렷하게 알게 되고, 그것들을 모두 적절하게 사용할 수 있게 되고 그래서 우리 자신들을 이른바 자연의 주인이자 소유자가 될 수 있도록 만드는 것이다.

이것은 이 땅의 산물과 모든 유용한 물자들을 아무런 어려움 없이 즐길 수 있도록 해주는 수많은 발명품들의 발견을 위해 바람직할 뿐만 아니라, 인생 최고의 행복이며 다른 모든 행복들의 기반이 되는 건강을 유지하는데 특히 바람직하다.

정신마저도 신체 기관들의 상태와 기질에 많이 의존하기 때문이며, 나는 만약 인간을 지금보다 더 현명하게 만들고 더 많은 재능을 발휘하도록 하는 어떤 방법을 찾을 수 있다면 그것은 의학에서 찾아야만 한다고 믿고 있기 때문이다.

물론 현재의 의학에 그처럼 눈에 띌 만한 이익이 거의 없다는 것은 사실이지만, 전혀 헐뜯을 생각 없이 말하자면, 현재 의학에 대해 알려져 있는 것은 앞으로 알려지게 될 것과 비교해 거의 아무것도 아니라는 사실을 인정하지 않을 사람은 없을 것이다. 심지어 의학에 종사하는 사람들 중에도 전혀 없을 것이라고 확신한다. 그리고 만약 우리가 그 원인들과 자연이 제공해준 치유책들을 충분히 알게 된다면, 신체와 정신의 무수한 질병들과 어쩌면 노년에 겪는 쇠약마저도 벗어날 수 있을 것이라고 확신한다.

그래서 반드시 필요한 그 학문의 탐구에 내 인생을 모두 바치기로 하고, 짧은 인생 또는 실험의 부족으로 인해 방해받지만 않는다면 반드시 원하는 목적지로 이끌어줄 통로를 발견했다고 생각했다. 나는 이러한 두 가지 장애물을 넘어서는 데에는 아무리 사소한 것일지라도 내가 발견한 것을 대중들에게 충실하게 전달하는 것보다, 그리고 훌륭한 인물들 각자가 자신들의 성향과 능력에 따라 실행해야 할 필요가 있는 관찰과 실험에 공헌하여 그렇게 알게 된 모든 것을 대중들에게 전달해 앞으로 더 나아가도록 촉구하는 것보다 더 나은 방법은 없다고 판단했다.

이런 식으로, 나중에 참여한 사람은 그들의 전임자들이 떠난 그곳에서 시작하고, 그렇게 해서 많은 사람들의 생애와 노력을 하나로 결합시킨다면 우리는 어느 한 사람이 혼자 만들어낼 수 있는 것보다 더 훌륭한 발전을 함께 이루게 될 것이다. 더 나아가, 나는 더 많은 지식을 갖게 될수록 관찰과 실험은 더 많이 필요하게 된다는 것을 알아차렸다.

처음에는 우리가 조금만 숙고한다면 모를 수 없는, 우리들의 감각에 직접적으로 전달되는 것들만 실험해보는 것이 더 희귀하고 복잡한 것들을 찾으려 하는 실험보다 더 낫기 때문이다. 그 이유는 희귀한 실험들의 경우, 보다 더 일반적인 것들의 원인을 여전히 모르고 있을 때, 종종 우리를 잘못된 방향으로 이끌어가며, 그런 실험들이 의존하는 상황들은 거의 언제나 너무나도 특수하고 미세한 것이어서 알아차리기도 매우 어렵다는 것이다. 그러나 이것과 관련하여 내가 반드시 지키려 했던 순서는 다음과 같다.

우선, 이 세상에 존재하거나 존재할 수 있는 모든 것의 원리들 또는 최초의 원인들을 전반적으로 찾아내려고 노력했다. 이런 목적을 위해 이 세상을 창조한 신 외의 다른 어떤 것도 고려

하지 않았으며, 오직 우리들의 영혼에 자연스럽게 머물고 있는 일정한 진실의 씨앗들로부터 이러한 원리들을 찾으려 했다.

그런 다음, 이러한 원인들로부터 추론할 수 있는 최초의 그리고 가장 일반적인 결과들이 어떤 것들인지를 검토하게 되었다. 이 방법으로 하늘과 천체와 지구를 발견했으며, 지구 위의 물, 공기, 불, 광물 그리고 모든 것들 중에서도 가장 일반적이고, 가장 단순하여, 가장 쉽게 알게 되는 다른 것들을 발견했다고 생각했다.

그후 보다 더 특별한 것들로 나아가려 했을 때, 너무나도 다양한 것들이 많이 나타났으므로 나로서는 지상에 있는 물체의 형태이거나 종류를 만약 신이 원했다면 지상에 존재할 수 있었을 수많은 그 밖의 것들로부터 구별하는 것은 인간의 정신으로는 가능할 것이라고 믿지 않았다. 따라서 결과로부터 원인으로 나아가고 많은 개인적인 관찰들을 연결하는 방법보다 더 유용하게 사용할 수 있는 다른 어떤 방법도 생각할 수 없었다.

그런 방법으로 나의 감각에 나타났던 적이 있는 모든 대상들에 대해 다시 생각해 보았으나 내가 찾아낸 원리들로 아주 쉽게 설명할 수 없었던 것은 전혀 없었다고 감히 밝혀두려 한다.

하지만 자연의 힘은 대단히 풍부하고 막대하지만 이러한 원리들은 지극히 단순하고 일반적이어서 그 어떤 특별한 결과일지라도 매우 다양한 방식으로 그 원리들로부터 추론될 수 있다는 사실을 애초부터 알아차릴 수 있었다는 것과, 내가 겪어야 했던 가장 큰 어려움은 주로 그 결과가 그 방식들 중의 어떤 것에서 비롯된 것인가를 찾아내는 일이었다는 것 역시 인정해야만 할 것 같다. 이러한 어려움에서 벗어나기 위해서는 나의 원리들에 근거한 결과의 방식에 따라 그 결과들이 달라지는 실험과 관찰들을 더 찾아보는 것 외의 다른 방법은 모르기 때문이다.

그 밖의 것에 관해서는, 이제 이러한 목적에 도움이 될 수 있는 대부분의 실험과 관찰들을 어떤 관점에서 접근해야 하는지를 지극히 명확하게 알 수 있는 지점에 도달했다고 생각한다.

하지만 그 관찰과 실험들의 그러한 특성과 너무나도 많은 경우의 수로 인해 나의 노력과 수입으로는(비록 현재보다 1천배는 더 많다 해도) 그것들을 모두 충분히 해낼 수 없다는 것도 알고 있다. 그러므로 이제부터는 내가 어느 정도까지 실험을 할 수 있는가에 따라 자연에 대한 지식도 그 정도만큼 진척시키게 될 것이다.

내가 작성한 논문에서는 이러한 것들을 알리고자 했던 것이며, 대중들이 여기에서 얻을 수 있는 이익을 아주 분명하게 제시하는 것으로 인류의 행복을 염원하는 사람들 모두가(다시 말해, 그저 겉치레로 그러한 평판을 얻은 사람이 아니라 실제로 덕이 높은 모든 사람들이) 자신들이 수행했던 실험과 관찰들을 나에게 알려주어 앞으로 수행해야 할 필요가 있는 것들을 결정하는데 도움을 줄 수 있도록 하려는 것이다.

그러나 그 무렵부터 갖게 된 다른 이유들이 내 의견을 바꾸게 만들었다. 그로 인해 내가 어느 정도 중요하다고 생각했던 모든 것들에 대한 진실을 발견하는 대로 계속 기록해야 하며, 마치 그 결과들을 발표하려고 마음먹었을 때만큼이나 이 작업에 정성을 쏟아야겠다고 결심했다.

그것들을 검토할 충분한 기회를 갖기 위해서였으며(당연하게도 우리는 언제나 자신만을 위해 작성한 것보다 많은 사람들이 보게 될 것이라 생각하는 것에 더욱 큰 정성을 쏟게 되며, 어떤 것에 대해 생각하기 시작했을 때 내게는 진실이라고 보였던 것이 종이 위에 기록하려 할 때 종종 거짓으로 보이므로), 가능한 한 대중들에게 혜택을 줄 수 있는 기회를 놓치지 않도록 하여,

만약 나의 글들이 어느 정도의 가치가 있다면 내가 죽고 난 후에 그것들을 읽게 될 사람들이 그것을 가장 적절하게 사용할 수 있도록 하기 위해서였다.

하지만 내가 살아 있는 동안에는 그것들이 발표되는 것에 절대로 동의해서는 안 된다고 생각했다. 내 글들이 불러오게 될 반론과 논쟁 또는 그 결과가 내게 가져다 줄 다소간의 명성이 내가 지식을 얻기 위해 사용하려 했던 시간을 낭비하게 되는 경우를 피하기 위해서였다.

비록 모든 인간에게는 자신의 힘이 닿는 한 타인들의 행복을 증진시킬 의무가 있으며, 만약 우리가 그 어느 누구에게도 도움이 되지 않는다면 말 그대로 아무런 가치도 없는 것이다. 하지만 우리의 노력은 현세를 뛰어넘어 펼쳐져야만 하며, 우리의 자손들에게 더욱 큰 이익이 될 수 있도록, 동시대의 사람들에게 이익을 줄 수 있는 일일지라도 하지 않고 넘어가는 것 역시 진실인 것이다.

내가 지금까지 배운 하찮은 지식은 내가 모르고 있는 것에 비하면 거의 아무것도 아니며, 앞으로 배우게 될 것에 대한 희망을 아직 포기하지 않았다는 것 역시 밝혀두려 한다. 학문에서 서서히 진리를 발견해나가는 사람들은 마치 부자가 되기 시작한 사람들이 큰 재산을 얻는데 있어 가난했던 과거에 훨씬 적은 재산을 얻으려 애쓸 때보다 어려움을 적게 겪는 것과 마찬가지이기 때문이다. 또는 군대의 사령관과 비교할 수도 있을 것이다. 그들의 권력은 일반적으로 그동안 거두었던 승리에 비례해 더 강해지게 되며, 전투에서 패한 후에 자신들의 지위를 지키려면 승리한 후에 도시나 지역을 점령하는 것보다 더 뛰어난 실력이 필요하게 된다.

우리가 진리에 대한 지식의 획득을 방해하는 모든 문제들과 오류들을 극복하려 노력하는 것은 실제로 전투에 참여하는 것이기 때문이다. 지극히 일반적이고 중요한 문제에 대한 어느 정도 거짓된 의견을 받아들인다는 것은 전투에서 패하는 것이다. 그래서 그 후에 과거와 동일한 상태로 돌아가는 것은 이미 확실한 원리들을 갖추고 있을 때 이루게 될 커다란 도약에 필요한 것보다 훨씬 더 뛰어난 실력이 필요하게 된다.

나의 경우, 만약 내가 지금까지 학문에서 몇 가지 진리를 발견했다면(이 책의 내용이 실제로 내가 그 몇 가지를 발견했다고 생각하도록 이끌어 주기를 희망한다) 그것들은 단지 대여섯 가지의 주요한 어려운 문제들을 극복해낸 결과이며, 내가 참전했던 많은 전투들에서 승리하는 편에 속해 있었던 행운이었을 뿐이라고 생각한다.

심지어 나의 목적들을 완벽하게 성취하기 위해서는 앞으로 한두 번의 전투에서 승리할 필요가 있다고 생각하고 있다. 나의 나이는 그다지 많지 않으므로, 자연의 일반적인 흐름에 따라, 여전히 이것을 성취할 충분한 여유가 있을 것이라고 생각한다는 것을 감히 밝혀두고자 한다.

그러나 내게 남은 시간을 유용하게 사용할 수 있다는 희망이 강할수록 그만큼 더 조심스럽게 시간을 관리해야만 한다고 생각한다. 만약 내 자연학의 기초들을 발표했다면, 나는 분명 시간을 낭비할 기회를 많이 갖게 되었을 것이다. 비록 그것들은 거의 논쟁의 여지가 없는 것이어서 믿기 위해서는 이해만 하면 되는 것이었으며, 비록 그것들 중에 내가 증명할 수 없다고 생각하는 것은 전혀 없다 해도, 다른 사람들의 다양한 모든 의견들과 일치한다는 것은 불가능하므로, 그것들이 만들어낼 적대적인 반응들로 인해 종종 마음이 산란해졌을 것이라 예견하기 때문이다.

만약 내게 옳은 것이 있다면 다른 사람들이 더욱 잘 이해하도록 이끌 수 있을 것이며 동시에 나에게는 오류들을 알아차리게 해줄 것이므로 이런 반론들도 쓸모가 있을 것이라고 말하는 사람들도 있을 것이다. 한 사람이 혼자 볼 수 있는 것보다 많은 사람들이 더 많은 것을 볼 수 있으므로, 내가 발견한 것들을 활용하기 시작하면서 그들이 발견해낸 것으로 나에게 도움을 줄 수 있게 되리라는 것이다.

하지만 비록 내가 너무나도 쉽게 오류를 범할 수 있으며, 처음 떠오르는 생각들은 거의 언제나 신뢰하지 않는다는 것을 인정한다 해도, 내 작업에 대한 반론을 겪어본 경험에 의하면 그것으로부터 아무런 유익함도 기대하지 않게 된다.

내가 친구라고 생각했던 사람들과 나에게 무관심하다고 생각했던 몇몇 사람들의 판단뿐만 아니라 친구들이 나에 대한 호의 때문에 보지 않았던 것을 악의와 시기심으로 들춰내려고 하던 몇몇 사람들의 판단도 이미 종종 겪어보았다.

하지만 그러한 반론이 나의 연구와 어떤 식으로든 관련된 것이 아니라면 내가 전혀 예상하지 못했던 반론이었던 경우는 거의 없었다. 그래서 나의 견해에 대한 비평가로서 나 자신보다 더 가혹하거나 더 공정하게 보이는 사람은 거의 마주쳐본 적이 없다. 게다가 나는 학교에서 가르치고 있는 토론이라는 방법으로는 과거에 모르던 진실을 발견했던 적이 전혀 없다. 이기려고 노력하고 있는 한, 토론의 참가자들은 양쪽의 주장을 평가하기보다 그럴 듯한 말을 만들어내는데 집중하기 때문이다. 그리고 오랫동안 훌륭한 변호사였던 사람이 당연하게 더 훌륭한 재판관이 되는 것은 아니기 때문이다.

아직은 내 생각들을 실천에 옮기기 전에 더 추가할 것이 많지는 않을 정도로 진척시키지 못했으므로, 다른 사람들이 전해 듣게 된 내 생각들로부터 얻게 될 이익은 그다지 대단하지는 않을 것이다. 자만하지 않고 말할 수 있는 것은 만약 이것을 실천할 수 있는 사람이 있다면 그것은 다른 어느 누구보다도 나 자신이어야만 한다고 믿는다는 것이다. 이 세상에 나와 비교할 수도 없을 만큼 더 뛰어난 정신을 갖춘 사람들이 없을 것이라는 말이 아니라, 어떤 것을 다른 사람에게 배울 때는 자기 스스로 발견할 때만큼이나 잘 파악하여 자기 것으로 만들 수가 없기 때문이다.

이것은 다음과 같은 경우에도 마찬가지이다. 비록 매우 뛰어난 이성을 갖춘 사람들에게 내 견해들의 일부를 설명하지만, 내가 그것에 대해 말하는 동안에는 매우 명확하게 이해하는 것처럼 보여도 그들이 내게 그 설명을 다시 들려줄 때 나는 그들이 언제나 나의 견해가 더 이상 나의 것이라고 인정할 수 없을 정도로 왜곡시킨다는 사실을 알아차리게 되는 것이다.

여기에서 미래의 세대들에게 한 가지 요청을 해두고 싶다. 즉, 만약 내 자신이 직접 발표한 것이 아니라면, 사람들이 나의 견해라고 전하는 것들의 출처가 나라는 것을 절대로 믿지 말라는 것이다. 나는 우리에게 저서들이 전해지지 않고 있는 모든 고대의 철학자들이 했다고 하는 터무니없는 일들에 절대 놀라지 않으며, 그것으로부터 그들의 생각이 매우 불합리하다는 결론을 내리지도 않는다. 다만 그러한 것들이 우리에게 잘못 전달된 것일 뿐이기 때문이다.

또한 우리는 그들의 제자들 중 아무도 그들을 능가했던 적이 거의 없었다는 것도 알고 있다. 그리고 오늘날의 가장 열성적인 아리스토텔레스의 추종자들이 만약 자연에 대한 지식을 아리스토텔레스만큼이라도 갖게 된다면, 심지어는 절대로 더 많이 가질 수 없다는 조건이 있다 해도, 자신들을 행운아라고 생각하게 될 것이다.

그들은 절대로 자신들을 지탱해주는 나무보다 더 높이 오르지 않는 담쟁이덩굴과 같으며, 일단 꼭대기에 도달하고 나면 종종 아래쪽을 향해 자라기도 한다. 나에게는 현재의 아리스토텔레스 추종자들 역시 아래쪽으로 내려오고 있는 것으로 보인다. 다시 말해, 그들은 연구를 그만 두기보다 일정한 방식으로 자신들을 더 어리석게 만들고 있기 때문이다. 그들은 저자가 알기 쉽도록 설명해놓은 모든 것을 아는 것에 만족하지 않고, 게다가 저자가 아무런 언급도 하지 않았으며 어쩌면 전혀 생각하지도 않았을 많은 문제들의 해결책을 그의 저작물 속에서 찾으려 하고 있는 셈이다.

하지만 그들이 철학적으로 연구하는 방식은 오로지 평범한 정신의 소유자들에게만 대단히 편리한 것이다. 그들이 구사하는 구별의 애매함 그리고 원리들의 모호함은 모든 지식의 분야에 대해 마치 실제로 다 알고 있는 것처럼 거침없이 말할 수 있게 해주며, 그래서 가장 명석하고 빈틈없는 철학자들을 상대로 그들의 생각을 변화시킬 수단도 없으면서 온갖 것들을 주장하게 되는 것이다.

이런 면에서 그들은 앞을 볼 수 있는 사람들과 동등한 조건에서 싸우기 위해 아주 컴컴한 지하실로 자신들을 이끌고 가는 장님처럼 보인다. 내가 활용하는 철학의 원리들을 발표하지 않는 것이 그런 사람들에게는 이익이 된다고 말할 수도 있을 것이다. 그 원리들은 대단히 단순하고 명확한 것이어서, 그것들을 발표하는 것은 그들이 싸우려 내려간 지하실의 창을 열고 빛이 들어오도록 하는 것과 똑같은 일이기 때문이다.

그러나 가장 뛰어난 정신을 지닌 사람일지라도 나의 원리들을 알고 싶어 할 이유는 없다. 만약 그들이 모든 것에 대해 말할 수 있으며 학자로서의 명성을 얻기를 원한다면, 아주 조금씩 서서히 밝혀지는 생소한 것들에 대해서는 솔직히 모른다고 인정해야 하는 진실을 추구하기보다, 별다른 어려움 없이 모든 종류의 문제에서 찾아낼 수 있는 그럴 듯한 것에 스스로 만족하는 것이 보다 더 쉽게 이룰 수 있는 것이기 때문이다.

만약 그들이 모든 것을 알고 있는 것처럼 보이려는 허영심보다 진리에 대한 약간의 지식을 더 선호한다면(이것이 당연히 더 바람직하지만), 그리고 만약 나와 비슷한 연구 계획을 추구하려 한다면, 내가 이미 여기에서 말했던 것보다 더 많은 것을 그들에게 말해줄 필요는 없을 것이다. 만약 내가 성취한 것 이상으로 나아갈 수 있다면 그들은 내가 발견했다고 생각하는 모든 것을 스스로 찾아낼 능력도 있을 것이기 때문이다.

나는 그 어떤 것도 순서에 따라 검토하지 않았던 적이 없어서, 남아 있는 것들 중에서 내가 앞으로 발견해야 할 것은 분명 지금까지 발견할 수 있었던 것보다 본질적으로 더 어렵고 더 눈에 띄지 않을 것이 확실하다. 그러므로 그들이 그것을 스스로 깨우치려는 것보다 나에게 배우는 것이 훨씬 더 즐거운 일은 아닐 것이다.

게다가 그들이 쉬운 것들을 먼저 연구하고 나서 차차 보다 어려운 문제들로 나아가는 습관을 얻는 것이 내가 모두 가르쳐주는 것보다 그들에게는 더 큰 효과가 있을 것이다.

나의 경우에도, 만약 내가 젊은 시절부터 증명하고자 했던 모든 진실들을 남에게 배우고 그것들을 익히는데 아무런 어려움도 겪지 않았다면, 아마도 나는 그 이상의 것은 전혀 모르게 되었을 것이다. 또한 적어도 새로운 진리를 찾으려 전념했던 것이 언제나 새로운 것들을 찾아내게 했다고 생각하는 습관과 능력은 절대로 얻지 못했을 것이다.

한마디로 말하자면, 만약 이 세상에 처음 시작했던 사람보다 더 훌륭하게 완성시킬 수 없는 작업이 있다면, 그것은 바로 내가 지금 노력하고 있는 작업일 것이다.

분명한 것은, 이러한 작업에 도움이 될 수 있는 실험과 관찰들을 혼자만의 힘으로는 모두 다 해낼 수 없다는 것이다. 하지만 동시에 (대단히 효과적인 동기가 되는) 수입에 대한 기대로 지시받은 일을 정확하게 해낼 수 있는 기술자 또는 비용을 지불하면 되는 사람들의 도움을 받는 경우가 아니라면 다른 사람의 솜씨는 자신의 노력보다 더 유용하게 사용할 수 없을 것이다.

호기심이거나 배우겠다는 욕구로 인해 도와주겠다고 자원하는 사람들의 경우, 일반적으로 자신들이 제공할 수 있는 것보다 더 많은 것을 약속하고 아무런 성과도 낼 수 없는 멋진 계획들을 제시하는 것 외에도 필연적으로 몇 가지 문제들에 대한 설명을 해달라거나 적어도 의례적인 인사치레나 지루한 대화를 그 대가로 받기를 바랄 것이므로, 그들의 참여로 인해 낭비하지 않아도 될 적지 않은 시간을 희생하도록 만들 것이기 때문이다.

그리고 다른 사람들이 이미 했던 실험과 관찰들의 경우, 비록 그들이 기꺼이 그것들에 대해 알려주려 한다 해도(이것들을 비밀이라고 여기는 사람들은 절대 알려주려 하지 않겠지만), 대부분의 경우 그들의 실험과 관찰에는 너무나도 많은 주변상황들과 불필요한 요소들이 포함되어 있어 그것들에서 진실을 밝히기는 지극히 어려울 것이다.

게다가 그런 실험을 실행했던 사람들은 그 실험이 자신들의 원리와 일치하는 것으로 보이도록 애쓸 것이기 때문에, 거의 모든 것이 너무나도 서투르게 또는 심지어는 거짓되게 설명되어 있다는 것을 발견하게 될 것이다. 그래서 비록 그것들의 일부는 활용할 수 있다 해도, 활용할 수 있는 것들을 골라내는데 시간을 들일 만한 가치는 없을 것이다.

그러므로 만약 이 세상에 가장 중요하면서 대중들의 이익이 되는 것들을 확실하게 발견할 수 있다고 알려진 누군가가 있다면, 그리고 그런 이유로 다른 사람들이 모든 방법을 동원해 그의 목표들을 성취하도록 도와주려고 노력한다면, 그의 실험과 관찰에 필요한 재정적인 지원을 제공하고, 또한 다른 사람들의 귀찮은 방문으로 시간을 낭비하는 일이 없도록 하는 것 외에는 달리 할 수 있는 일은 없을 것이라고 생각한다.

그러나 나는 놀랄만한 결과들을 기꺼이 약속할 만큼 뻔뻔하지도 않으며, 대중들이 나의 연구계획에 커다란 관심을 가져야만 한다고 상상할 만큼 공허한 생각을 즐기지도 않는다. 또한 내가 받을 만하다고 생각하지 않는 다른 사람들의 호의를 조금이라도 받고 싶어 할 만큼 영혼이 천박하지도 않다.

이러한 것을 모두 고려한 것이 바로 3년 전에 내 수중에 있던 논문을 출간하지 않았던 이유이며, 살아 있는 동안에는 지극히 일반적이거나 내 자연학의 기초들을 이해할 수 있도록 해줄 다른 어떤 연구도 공표하지 않겠다고 결심한 이유였다.

하지만 그 이후로 다른 두 가지 이유들로 인해 여기에 어느 정도는 개인적인 에세이를 포함시키고 대중들에게 나의 활동과 계획에 대한 약간의 설명을 하게 된 것이다.

첫 번째 이유는, 만약 내가 그렇게 하지 않으면, 몇 가지 글들을 발표하려던 나의 의도를 알고 있던 많은 사람들이, 내가 발표하지 않기로 한 이유를 사실과는 다르게 나에게 불리했기 때문이라고 상상할 수도 있겠다는 것이었다. 비록 내가 명예를 그다지 좋아하지는 않으며, 심지어는 내가 다른 무엇보다 가치 있다고 생각하는 평온함과 반대되는 것으로 판단하여 몹시 싫어한다고 감히 말할 수도 있지만, 동시에 마치 나의 활동들이 범죄라도 되는 듯이 감추려 한 적도 전혀 없으며 장삼이사로 남아 있으려고 지나치게 경계하지 않았던 것도 사실이다. 그것은 나 자신을 불공정하게 대우하는 것으로 생각했기 때문일 뿐만 아니라 일종의 불안감을 갖게 하여 내가 얻고자 하는 정신의 완전한 평화를 방해할 수도 있기 때문이다.

그리고 비록 널리 알려진다거나 전혀 알려지지 않는 것에 대해서는 언제나 관심이 없었지만 이런저런 평판을 얻게 되는 것은 피할 수 없었기 때문에, 악평만은 피하기 위해 최선을 다해야 한다고 생각했기 때문이다.

이 글을 쓰게 한 또 다른 이유는 다른 사람들의 도움 없이는 실행할 수 없는 엄청나게 많은 실험과 관찰이 필요하지만, 지식을 얻기 위한 나의 연구계획이 점점 더 지연되고 있는 것을 매일 확인하고 있기 때문이다. 비록 대중들이 나의 관심사를 공유해줄 것이라고 기대하는 자만심 같은 것은 없지만, 나 자신만의 기준에 너무 미치지 못하는 것 역시 원하지는 않는다. 만약 나의 연구계획을 진전시키고 완성시킬 수 있는 방법들을 알리는데 너무 게을리 하여, 내 뒤를 이을 사람들이 많은 것들에 있어 내가 이룬 것들을 보다 더 완벽한 상태로 남겨주지 않았다고 비난하도록 만들고 싶지는 않은 것이다.

많은 논쟁거리가 있었던 주제가 아니면서, 내 원리들을 내가 바라던 것보다 더 상세하게 해설하지 않아도 되는 몇 가지 문제들을 선택하는 것은 쉬운 일이라고 생각했다. 그 문제들은 내가 학문에서 성취할 수 있는 것과 성취할 수 없는 것을 충분히 명확하게 보여주는 것들이었다.

그 점에서 내가 성공했는지의 여부는 내가 말할 수 있는 것이 아니며, 나 자신이 나의 글들에 대해 말하는 것으로 누군가의 판단을 손상시키고 싶지는 않다. 오히려 나는 그들이 비판적으로 검토해준 것을 매우 기뻐할 것이며, 보다 더 자유로운 비판적인 검토를 유도하기 위해 반박할 것이 있는 사람이라면 누구든 나의 출판사에 그 내용을 보내달라고 부탁하고 싶다. 출판사를 통해 그것들을 전달받게 되면 즉시 나의 답변을 추가하도록 노력할 것이다.

이런 방식으로 반론과 답변들을 함께 확인하면, 독자들은 어느 것이 진실인지 보다 쉽게 판단할 수 있게 될 것이다. 답변을 길게 하겠다고 약속하지는 못하겠지만 만약 나의 잘못을 알아차리게 된다면 솔직하게 인정할 것이다. 만약 어디가 잘못인지 알아차릴 수 없다면, 한 가지 주제에서 다음 주제로 넘어가며 지루하게 질질 끌지 않도록, 새로운 어떤 문제에 대한 설명을 진전시키지 않고, 내가 쓴 것을 방어하기 위해 필요하다고 생각하는 것만을 간단하게 밝힐 것이다.

만약 언뜻 보기에 〈굴절광학〉과 〈기상학〉의 서두에서 언급했던 몇 가지 것들을 '가설들'이라 부르면서 증명하고 싶어 하지 않는 것처럼 보이기 때문에 불쾌해 했던 독자들이 있었다면, 끈기 있게 논문 전체를 주의 깊게 읽어본다면 마침내는 만족하게 될 것이라고 생각한다. 내게는 그 논문들 속의 추론들이 만약 마지막 것들이 그것들의 원인인 첫 번째 것들에 의해 증명된다면, 첫 번째 것들은 역으로 그것들의 결과인 마지막 것들에 의해 증명되는 방식으로 서로 연결되어 있는 것으로 보이기 때문이다.

그리고 내가 여기에서 논리학자들이 순환논증이라고 부르는 오류를 범하고 있는 것으로 생각해서는 안 된다. 실험과 관찰에 의한 증거들이 이러한 결과들의 대부분을 명확하게 입증하므로, 그 결과들로부터 내가 이끌어낸 원인들이 결과들을 설명하는 것만큼 입증하는 데는 도움이 되지 않으며, 그와는 반대로 결과들에 의해 입증되는 것은 원인들이기 때문이다.

그리고 내가 원인들을 '가설들'이라 불렀던 것은 내가 앞에서 설명했던 제1원리들로부터 원인들을 이끌어낼 수 있다고 생각하지만, 어떤 철학자들이 나의 원리들이라고 믿는 것 위에 이상스러운 새로운 철학을 만들어낼 기회를 잡지 못하도록 막고, 그것으로부터 내가 비난받지 않기 위해 일부러 그렇게 하지 않았다는 것을 알리기 위해서였을 뿐이다.

이런 철학자들은 일정한 문제에 대해 단지 한두 마디의 말을 해주는 즉시 다른 사람이라면 20년 동안 생각해야 할 것을 하루만에 알 수 있다고 믿으며, 더 똑똑하고 의욕적일수록 더 쉽게 실수를 범하고 진실을 파악할 능력이 떨어진다.

전적으로 나의 것인 견해들에 대해 나는 새로운 것들이라고 변호하지는 않겠다. 만약 그것들을 뒷받침하고 있는 논거들을 주의 깊게 고찰해 본다면, 너무나도 단순하고 지극히 상식에 부합하는 것이어서 동일한 주제에 대한 다른 어떤 견해들보다 터무니없다든지 생소하게 보이지는 않을 것이라고 확신하기 때문이다.

그것들 중의 어떤 것도 내가 처음으로 발견한 사람이라고 자랑하지는 않겠지만, 그것들이 다른 사람들에 의해 밝혀지거나 밝혀지지 않았기 때문이 아니라 단지 이성이 그것들의 진실을 확신시켜 주었기 때문에 받아들였다는 것만은 주장하려 한다.

비록 〈굴절광학〉에서 설명해놓은 발명품을 기술자들이 즉시 만들어낼 수 없다 해도, 그것에 대한 평가가 나쁘다고 말할 수는 없다고 믿는다.

세부사항을 전혀 빠뜨리지 않고 내가 설명한 기계들을 만들어 내고 조정하기 위해서는 기술과 실습이 필요하다는 사실에 비추어보면, 그들이 첫 번째 시도에서 성공한다는 것은 훌륭한 악보만 제공하면 하루 만에 류트를 능숙하게 연주하는 법을 배울 수 있는 것 못지않게 놀랄 만한 일이기 때문이다.

그리고 내 스승들의 언어인 라틴어 대신 내 나라의 언어인 프랑스어로 작성하는 것은, 고대의 책들만 깊이 신뢰하는 사람들보다 완전히 순수한 타고난 이성만을 사용하는 사람들이 내 견해들을 더 잘 판단할 것이라고 기대하기 때문이다.

그리고 연구하는 습관과 양식을 겸비한 사람들만이 나의 심판관이 되기를 바라며, 나는 그들이 라틴어를 편애하지 않을 것이므로 통속적인 언어로 설명했다는 이유로 나의 논거들을 내치지 는 않을 것이라 확신한다.

결론으로서, 내가 학문에서 거두기를 바라는 미래의 진보에 대해서는 여기에서 상세하게 말하고 싶지는 않다. 또한 내가 성취할 수 있다고 확신하지 못하는 어떤 약속들을 대중에게 하는 것으로 나 자신을 구속하고 싶지도 않다. 다만 의학에서 지금까지 지켜온 규칙들보다 더 신뢰성 있는 규칙들을 끌어낼 수 있는 자연에 대한 약간의 지식을 얻으려 노력하는 것 외에는 내 인생의 나머지 시간을 쓰지 않겠다는 결심만은 밝히려 한다.

그리고 내 성향이 다른 모든 종류의 연구계획들, 특히 다른 사람들을 해치는 것으로 오직 일부 사람들에게 유용한 연구계획들을 매우 강하게 거부하므로 만약 그런 연구계획에 착수하도록 강요하는 어떤 상황이 일어난다 해도 내가 성공적으로 할 수 있을 것이라고는 믿지 않는다.

이것에 대해 여기에서 공개적으로 밝히는 것은, 비록 이것이 이 세상에서 나를 훌륭한 사람으로 평가받도록 하지도 않겠지만 그런 평가를 얻고 싶은 생각도 전혀 없기 때문이다. 나는 언제나 이 세상에서 최고의 지위를 제공해줄 수 있는 사람들보다 방해 받지 않고 나의 시간을 자유롭게 즐길 수 있도록 배려해줄 사람들에게 더 고마워할 것이다.

부 록

1. 데카르트의 생애

2. 데카르트의 사상에 대하여

3. 16~17세기 근대의 사상가들

4. 《방법서설》의 핵심내용

부록 1: 데카르트의 생애

근대 철학의 시작,
르네 데카르트(**René Descartes** 1596~1650)

1596년 3월 31일 프랑스 중서부 투렌에서 태어났다. 아버지는 부유한 신흥 귀족으로 판사(당시에는 하급 관리)였으며, 어머니는 그가 태어난 지 일 년도 안 되어 세상을 떠났다.

10살 무렵에 라 플레슈 성에 있는 예수회 교단의 학원에서 스콜라 철학을 기반으로 한 고전, 수학, 물리학 등을 공부했다. 졸업 후 프랑스의 프와티에 대학에서 법학, 의학을 전공한 후 법학사 학위를 받았다(1616년). 아버지는 당연히 법률가가 되기를 바랐으나 데카르트는 세상에 대해 더 많은 것을 알아야겠다고 결심하고 여행을 떠났다.

당시 유럽은 신교와 구교 사이의 30년 전쟁이 진행되고 있었다. 데카르트는 가톨릭 신자였으나 네덜란드에서 자원 입대하여 전쟁을 경험했다(1618년). 1619년에는 독일 바이에른의 막시밀리안 대공의 군대에 들어갔다.

데카르트. 그의 회의론적 방법은 서양철학의 특징 중 하나가 되었다.

군대에 있던 시절 데카르트는 홀로 철학적 사색을 즐겼는데, 1619년 독일 남부의 중세도시 울름에서 명상 끝에 꿈의 계시를 받았으며, 이것이 자신의 삶에 깊은 영향을 주었다고 말했다.

그후 1621년부터 자신만의 철학적 세계를 추구하기 위해 가능한 세상과 격리되어 학문 연구에 몰두하고자 했다. 데카르트가 선택한 지역은 네덜란드였다. 당시 네덜란드는 유럽 내에서 종교적, 사상적으로 가장 자유로운 곳이었기 때문에 많은 지식인, 사상가들이 모여 들고 있었다.

그로부터 10년여 동안 학문 연구에 매진한 데카르트는 《정신지도를 위한 규칙》을 집필했으며, 그의 최초의 철학서라 할 수 있는 《방법서설(Discours de la methode)》을 발표했다(1637). 그리고 《성찰》 《철학의 원리》 《정념론》 등을 차례로 내놓았다.

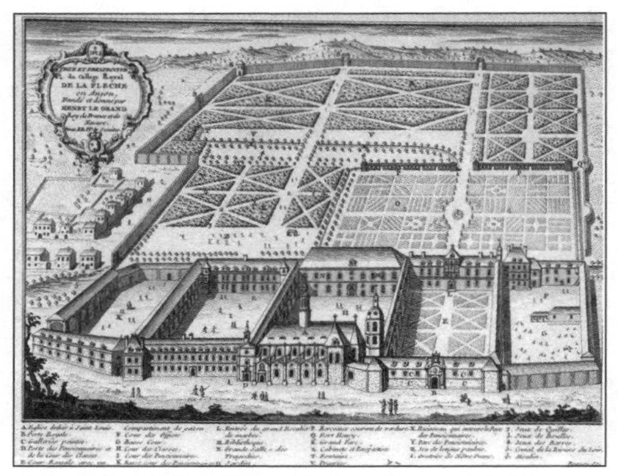

데카르트가 다녔던 라 플레슈 성에 있던 예수회 교단의 학원

《방법서설》에서 '나는 생각한다. 그러므로 존재한다(Cogito ergo sum).'라는 가장 유명한 명제로 인해 그는 근대 철학의 시조가 되었으며, 합리론의 기초를 세운 철학가로 불린다.

그러나 그의 학문은 철학 외에 물리학, 광학, 기하학, 생리학에 이르기까지 다양했다. 기하학적 연구는 근대 수학 발전에 기여한 것으로 인정되며 뉴턴의 업적과 비교되었다.

특히 물리학(우주론)에서는 코페르니쿠스의 이론(지동설;태양중심설)을 바탕으로 우주에 관한 집필을 하기도 했으나, 1633년 갈릴레오 갈릴레이(Galileo Galilei 1564~1642)가 종교 재판에서 유죄 선고를 받았다는 소식을 듣고 출판을 포기했다. 그리고 과학에 대한 연구에 몰두하여 굴절 광학, 기상학, 기하학에 관한 논문을 완성했다. 《방법서설》

엘리자베스 공주. 종교 전쟁으로 폐위된 팔츠의 선제후 프리드리히 5세(신교파의 수장)의 딸이다. 나라(보헤미아 왕국)를 잃고 네덜란드에 망명 중이었다.

은 이 세 논문을 합본하고 그에 대한 머리말로 쓴 것이다.

데카르트는 생애 내내 극히 단조로운 삶을 추구하며 연구에만 몰두했다. 다만 개인사적으로 특별한 경험 두 가지가 있는데, 그중 하나는 1642년 네덜란드에서 망명 중이던 보헤미아 왕국의 엘리자베스 공주(1618~1680)와 학문적 서한을 주고받은 일이다. 그녀는 데카르트의 명성을 듣고, 그에게 철학에 대한 가르침을 청했다. 인간의 기본적인 정념에 대해 논한 이 편지들은 1649년 《정념론》으로 발표되었다. 인간이 자기 자신의 주인이 되기 위해서는 정념에 휘둘려서는 안 된다고 주장하고 있다.

이후 프랑스를 비롯한 유럽의 여러 지식인들은 데카르트의 철학에 빠져들었다. 또한 한편으로는 데카르트의 종교관에 대한 비판도 거세

데카르트의 생가. 지금은 도시의 이름이 데카르트가 되었다.

어졌다.

당시는 갈릴레오 갈릴레이가 천체 망원경으로 우주를 관찰하면서 지동설을 옹호하여 중세의 기독교적 우주관을 뒤흔들었던 시기였기 때문이다. 기독교의 철학과 근대 과학이 충돌하며 일대 변혁이 예고되고 있었다.

데카르트는 자신에 대한 종교적 공격이 시작되자 1649년 네덜란드를 떠났다. 마침 스웨덴의 크리스티나 여왕이 그를 초청하여 스톡홀름으로 건너갔다. 그곳에서 그는 여왕을 위해 철학을 강의했다. 여왕을 위한 수업은 매일 새벽 5시에 진행되었다. 그러나 평소 몸이 약했던 데카르트는 북유럽의 기후에 견디지 못하고 결국 폐렴에 걸려 1950년 2월 11일 세상을 떠났다. 데카르트의 유골은 프랑스 생 제르맹 데프레 성당에 안치되었다(1666년).

부록 2: 데카르트의 사상에 대하여

보편적 학문의 완성을 추구하다

근대 철학의 아버지

17세기의 데카르트를 수식하는 명제는 다양하다. 철학자, 수학자, 물리학자, 생리학자. 그 중에서 가장 대표적인 것은 근대 합리주의 철학의 길을 열었다는 평판으로 '근대 철학의 아버지'라 불리는 것이다.

데카르트의 사상이 빛을 발한 것은 그의 학문적 성과 외에 특히 중요한 부분은 그의 저서, 《방법서설》이 '라틴어'로 쓰이지 않고, '프랑스어'로 쓰여졌기 때문이기도 하다. 그는 자신의 철학 이론을 복잡하게 설명하지 않고 누구라도 쉽게 읽을 수 있고 이해할 수 있도록 했다.

루터는 성서를 '독일어'로 번역하여 라틴어를 모르는 일반인들도 신의 섭리에 자유롭게 다가갈 수 있게 했기 때문에 신교의 확대를 가져왔다. 라틴어를 대체하는 각국의 언어의 발전은 지식인들의 사유를 활발하게 만들었으며 14~16세기 '르네상스'라는 새로운 문화 운동이 일어나게 했다. 이후 중세의 기독교 신학과 인간의 이성에 대한 철학 이론들이 다양하게 전개되었다.

17세기에 활동한 데카르트가 교육받은 학문은 아리스토텔레스의 형이상학을 기반으로 한 스콜라 철학이었다. 스콜라 철학은 토마스 아퀴나스에 의해 아리스토텔레스의 사상과 기독교의 교리가 체계적으로 정리되면서 로마 가톨릭 교회의 공식적인 교리로 인정되었으며, 가톨릭 교회에서 운영하는 모든 대학과 학교에서 가르쳤다. 따라서 당시 유럽의 지식인에게 스콜라 철학은 진리였다.

토마스 아퀴나스가 주목한 것은 아리스토텔레스의 물질-형상 이론이다. 흔히 '형이상학'이라고 하는데, 영혼을 신체에 형상으로서 작용하는 것으로 보았다.

영혼은 어떤 존재의 활기찬 활동을 떠맡고 있는, 그 존재의 일부분

아리스토텔레스. 고대 그리스의 플라톤 철학을 계승하여 서양 철학의 체계를 만들어냈다.

갈릴레오 갈릴레이. 16~17세기 천체 망원경으로 우주를 관찰하여 중세 기독교적 우주관을 반박하여 근대 과학 혁명을 이끌었다.

으로 육체와 불가분의 관계가 있다. 따라서 영혼은 육체의 죽음을 되살려낼 수 없다는 것이다.

그러나 기독교 사상에 충실한 아퀴나스는 육체와 영혼이 사후에는 사라져 버린다는 아리스토텔레스의 사상은 받아들이지 않았다. 종교에서는 영혼을 죽음을 이겨내는 불멸의 존재라고 가르쳤던 것이다. 육체가 죽음을 맞이하면 심판의 날에는 육체와 영혼이 완전한 인격을 이루기 위해 재결합한다는 기독교적 가르침을 채택한 것이다.

스콜라 철학은 신앙과 이성의 문제에서 철학이 종교적 기능을 수행하게 한 것이다. 그러나 자연과학의 발달은 기존의 형이상학적 신학적 세계관을 대체할 수 있는 것을 요구했다. 결국 신앙과 이성을 분리하려는 근대 철학의 운동이 발흥되기 시작한 것이다.

데카르트 역시 이 세계의 질서를 증명할 수 있는 새로운 학문을 정립하는 것이 자신의 목표였다. 그는 스콜라 철학을 가르쳤던 라 플레슈 학원에서 배워야 할 학문은 거의 다 배울 수 있었다고 했다. 그러나 그 학문들에 대해 '나는 모든 것을 의심하지 않을 수 없었다. 따라서 내 사유는 그러한 의심에서 출발하지 않으면 안 되었다.'고 말했다. 데카르트의 학설은 다른 무엇보다도 의심을 비판의 수단으로 사용하는 방법이었다.

보편적 학문을 완성하기 위해 데카르트가 특히 관심을 가진 것은 처음에는 수학과 자연학이었다. 1618년 11월 10일 네덜란드의 브레다 거리 모퉁이에서 우연히 이삭 베크만을 만났다. 의사로서 수학과 자연학에 넓은 지식을 가진 베크만은 데카르트의 물리 수학적 연구에 많은 영향을 끼쳤다. 당시의 수학이란 지금과 같은 학문이라기보다는 보편적인 모든 학문을 가리킨다.

데카르트의 연구는 수학, 물리학을 포함해서 다양했다. x, y, z축에 점을 찍어 그래프를 그리는 데 이용되는 데카르트 좌표를 고안해냈으며, 빛의 굴절을 실험하고, 광학을 연구하여 굴절의 법칙을 발견했다.

기하학 분야에서는 분석적 방법을 사용하여 해석 기하학의 기초를 다졌다. 한편 갈릴레오 갈릴레이의 재판 소식에 출판을 포기한 〈우주론(Le Monde)〉은 훗날 내용 중의 많은 부분이 그의 저서 《철학의 원리》에 포함되었다.

데카르트는 〈우주론〉 출판을 포기하고 그 대신 1637년 굴절 광학, 기하학, 기상학은 발표할 것을 결심했다. 그리고 그에 대한 서문을 덧붙여 《방법서설》을 출판했다. 《방법서설》은 부제에서 알 수 있듯이 '이성을 올바르게 이끌고, 학문에서 진리를 찾는 방법에 관한 이야기'이다.

데카르트는 모든 사람이 동등한 이성을 갖추고 있지만 이성을 올바르게 사용하는 것은 사람마다 차이가 있다고 생각했다. 훌륭한 이성을 갖추는 것은 훈련에 의해 습득될 수 있으며 자신이 어떻게 그러한 방법을 습득했는지를 밝히고자 했다.

즉 자신은 올바른 순서로 이성을 이끌어 인식의 영역을 최대한 넓혀 새로운 학문 체계를 만들고자 한 것이며, 또한 그것은 가장 보편적인 방식이어야 한다고 주장했다.

그러나 모든 분야에 대한 과거 철학자들의 주장에 의심을 품지 않을 수 없었다고 말한다. 즉 수학에서 연역법은 놀라운 방법이지만 여전히 연역이 정확하게 어떻게 사용되어야 하는지를 알 수 없었다고 했다.

데카르트는 모든 철학의 원초적인 명제인 동시에 토대가 되는 것을 '철학의 제1원리'라고 불렀다. 그리고 이것을 찾기 위해 우리가 가지고 있는 모든 지식을 의심하고, 결국 진리를 발견하기 위해서는 자기 자신을 살피는 수밖에 없다는 결론에 이르렀다.

데카르트는 자신이 확신하는 길에 이르는 방법들을 하나씩 검토해 나갔으며, 1641년 《성찰(제1철학에 대한 성찰)》를 발표했다. 이 책에서 데카르트는 어떤 이론들은 수학의 '참'처럼 겉으로 드러나는 확실함에 의해 다른 것들보다 타당함을 밝히는 일이 수월하며, 반면에 어떤 이론들은 근거가 박약하거나 면밀한 검토를 거치면 '거짓'으로 드러난다고 주장했다.

그는 각 명제들을 확고한 믿음 안에 둠으로써 그것들의 정당함을 밝힐 필요성을 느꼈다. 하지만 이런 욕구는 그에게 '어디서부터 시작할 것인가'라는 문제점을 안겨주었다. 오류가 없는 최초의 명제는 무엇일까에 대한 고민이었던 것이다.

그는 자신의 믿음들을 순서적으로 나열하기보다 그 근거가 무엇인지에 의문을 던짐으로써 검토하고자 했다. 근거에 오류에 없다면 그 믿음은 안전한 것이라고 간주할 수 있었던 것이다. 하지만 그 근거가 박약하다면 어떤 지식도 신뢰하지 않았다.

데카르트는 자기 믿음의 상당수가 보거나 듣거나 느낀 스스로의 감각에 기초한 것이라는 점을 인정했다. 그러나 우리의 감각을 전적으로 신뢰하기는 힘들다. 예를 들어 곧은 막대기를 물 컵에 넣고 보면

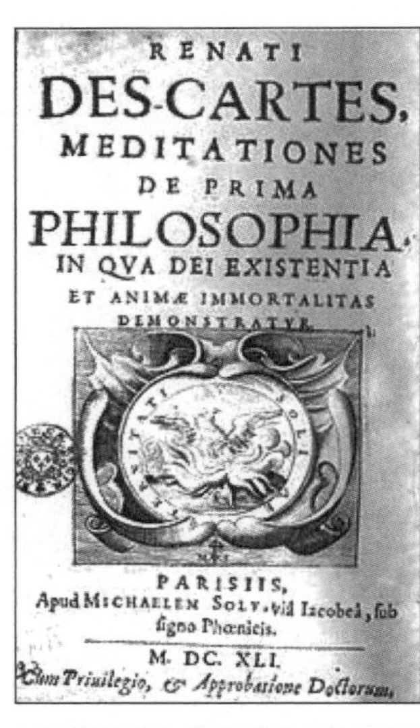

RENATI
DES-CARTES,
MEDITATIONES
DE PRIMA
PHILOSOPHIA,
IN QVA DEI EXISTENTIA
ET ANIMÆ IMMORTALITAS
DEMONSTRATVR.

PARISIIS,
Apud MICHAELEM SOLY, via Iacobea, sub
signo Phœnicis.
M. DC. XLI.
Cum Priuilegio, & Approbatione Doctorum.

《성찰》(1641년) 형이상학에 관한 데카르트의 저서이다.

구부러져 보인다.

이에 대해 데카르트는 자신은 적어도 철학에 관심이 있는, 서재에 앉아 있는 프랑스 사람이라는 점 등은 확신할 수 있다고 주장했다. 그러나 실재와 꿈을 분명하게 구별할 수 있는 길은 전혀 없다는 것이다.

데카르트가 살고 있다고 여긴 삶이 단순히 꿈의 일부가 아니라고 어떻게 확신할 수 있는가? 환각에 빠져들면 우리는 전혀 존재하지 않는 대상이 있다고 믿기도 한다. 우리를 완전히 속여 넘기는 감각 때문이다. 그러므로 감각에 의한 지각에 뿌리를 둔 모든 지식은 의심해야 마땅하다.

데카르트는 자신의 사고를 조작하고 그릇된 믿음을 주입시키는 해로운 악마와 같은 절대적인 힘이 있을 수 있다고 상상했다. 그러나 절대적인 권능조차도 조작할 수 없는 하나의 명제가 있는데, 그것은 바로 데카르트가 생각하기 때문에 존재한다는 사실이다. 생각하기 위해 그는 존재하는 것이다.

그리하여 그의 유명한 명제, '나는 생각한다. 그러므로 존재한다.'

의 원리에 이르게 되었다. 이것은 데카르트의 철학 체계를 떠받쳐주는 유일하고 견고하며 오류가 없는 토대가 되었다.

데카르트의 합리적 인식

철학의 제1원리로부터 이성적으로 추론된 지식만이 진실이라는 데카르트의 합리적 인식을 합리론이라고 말한다.

'나는 생각한다. 그러므로 존재한다.'는 인간이 종교적 권위로부터 벗어나 스스로 이성의 순서에 따라 합법칙적으로 사물을 인식한다는 것을 의미한다. 즉 신의 계시에 따르는 것이 아니라, 자연의 이성에 따라 올바른 질서의 방법으로 사물을 파악하는 것이다. 신앙과 이성의 분리라는 데카르트의 합리적 인식은 결국 근대 철학의 출발점이 되었다.

이와 같은 합리적인 방식으로 자연의 현상 전체를 필연적인 인과의 연속으로 모두 파악할 수 있다고 생각했다. 여기에서 기계론적 세계관이 성립하는데, 이것은 자연세계 전체가 인과법칙에 따르는 하나의 거대한 기계 체계라는 것이다.

스콜라 철학에서는 자연을 아는 것이 동시에 신을 아는 것이었다. 즉 아리스토텔레스의 형이상학은 전통적인 자연학으로서, 사물이 무엇인가를 묻고, 그 본질이나 형상을 밝히는 것에 몰두했다. 그러나 갈릴레오 갈릴레이와 같은 과학자들의 연구는 관념적으로 존재하는 자연법칙을 경험적 관찰이나, 실험을 통해 수학적, 계량적으로 증명하려고 했다. 데카르트도 마찬가지였다.

의심할 수 있는 것과 확실한 것에 대한 판단을 통해 자신의 생각을 점검하는 방법론적 회의를 통해, 데카르트는 내가 사고한다는 것은 의심할 수 없이 내가 존재한다는 것을 의미한다고 주장했다. 정신의 존재는 의심할 수 없지만, 그러나 육체의 존재는 의심할 수 있다는 결론을 내렸다. 정신(영혼)과 육체를 별개로 보는 데카르트의 이원론적 관점이 제기된 것이다.

이들 두 실체는 분명히 구별되는 고유한 특질을 갖고 있는데, 물질의 특질을 '연장(延長)을 가진 실체'라고 규정했다. 공간을 점유하고 운동을 한다는 것이다. 또한 정신의 경우에는 사고 활동이라는 특질을 지닌다.

더 나아가 데카르트는 육체는 나눌 수 있지만 정신은 그렇지 않다고 했다. 육체를 정신에 조정당하는 하나의 기계로 바라본 것이다. 그러나 실체가 없는 정신이 육체와 어떻게 서로 작용하는지의 문제, 즉 그 기계가 움직이도록 어떻게 작용한다는 것일까? 이 문제에 대해 데카르트는 인체 내에 이러한 상호작용을 가능하도록 하는 기관이 있으며, 그것을 '송과선'이라고 생각했다.

송과선은 대뇌 깊숙한 곳에 위치한 자그마한 기관으로 정신과 물질의 조정을 책임지고 있다는 것이다. 그러나 육체와 정신의 상호작용에 대해 송과선으로는 충분히 설명되지 않았다. 인간의 정신을 육체와 분리하는 이원론은 이후 수많은 사상가들에게 철학적 과제가 되었다. 육체와 정신을 구별하는 데카르트의 기계론적 세계관은 자연계의 만물을 오직 운동성과 연장성의 관점으로 바라본 것이다. 이것은 훗날 뉴턴(Sir Isaac Newton 1643~1727)의 역학 운동으로 입증되어, 근대과학 혁명의 근간이 되었다.

한편 참된 지식을 찾아내기 위해 인간의 이성을 강조하는 데카르트 철학은 신의 계시가 진리라고 주장한 기독교 철학자들의 공격 대상이 되었다. 또한 이원론을 비롯하여, 방법론적 회의에 대해 많은 학자들의 비판도 제기되었다. 학문적 비판 외에 데카르트를 무신론자와 같은 위험한 인물이라고 경고했다.

그러나 데카르트는 자신이 학문을 하는 목적 중의 하나가 기독교 신앙을 옹호하기 위한 것이라고 주장하며 다음과 같이 말했다.

'신이 이 세상을 보존하는데 적용하고 있는 작용은 이 세상을 창조했던 것과 똑같다는 것은 분명하다(이것은 신학자들 사이에서 널리 믿고 있는 견해이다). 그러므로 비록 신이 태초에 카오스 외의 다른 형태를 제공하지 않았다 해도, 자연의 법칙들을 확립했으며, 자연이 통상적으로 작용하던 그대로 작용하도록 도왔다고 가정한다면, 우리는 창조의 기적에 의심을 품지 않으면서도 순수하게 물질적인 것들은 모두 시간이 흐르면서 오직 현재 우리가 보고 있는 방식으로만 될 수 있었다고 믿을 수 있을 것이다.'(방법서설 제5부)라고 주장했다.

그러나 데카르트의 믿음에 대해서는 성직자와 학자들 사이에서 끊임없는 논쟁을 일으켰다.

스콜라 철학과 토마스 아퀴나스

데카르트의 사상을 이해하기 위해서는 당시대를 지배하고 있던 스콜라 철학에 대해 알아야 한다. 스콜라 철학자들은 중세 시대(1100~1500년 경)의 대학에서 기독교 철학자 역할을 했다. 그들은 자신들의 사상인 스콜라 철학을 변증법적인 접근법에 따라 전개했다.

이것은 결론에 도달하기 위해 질문을 던지고, 답을 제시하고, 그 답을 반박하는 등의 방법을 이용하는 것이다. 스콜라 철학자들의 목표는 두 가지의 위대한 자원을 한 축으로 통합하는 것이었다. 기독교의 자원(성경과 교부敎父)과 그리스 고전 자원(주로 아리스토텔레스와 플라톤의 업적을 말하지만, 플라톤의 경우는 신플라톤파의 해석으로 걸러진 것을 말한다)의 통합을 말한다.

토마스 아퀴나스(1225~1274)는 시실리에서 태어나 나폴리와 쾰른의 대학에서 수학했으며, 파리와 나폴리에서 학생들을 가르쳤다. 1323년에 교황 존 12세는 그를 성인으로 공표했다.

아퀴나스가 남긴 저작물의 상당 부분은 아리스토텔레스로부터 비롯된 것이다. 그는 아리스토텔레스의 업적을 교회의 가르침에 접목하려고 노력했다(이것은 아우구스티누스가 플라톤의 업적을 교회에 접목시킨 것과 비교할 수 있다).

토마스 아퀴나스

또 아퀴나스는 아리스토텔레스의 형이상학을 명확히 하고 더욱 확장시켰다. 형이상학(metaphysics)은 '물리학의 저편(beyond physics)'을 의미한다. 철학에서 이 분야는 있음(being)과 실재(reality), 그리고 존재(existencs)를 다룬다. 아리스토텔레스는 이 형이상학을 '첫번째 철학'이라고 불렀다.

아퀴나스는 자신의 방대한 저서 《신학사전》에서 '다섯 가지 증명'이라는 논증을 통해 신의 존재를 입증하고자 했다.

아리스토텔레스는 개개의 사물의 실존이 어떤 것으로부터 주어지는 것으로 생각하지 않았다. 개개의 사물은 그저 존재할 뿐이며, 그러므로 개개의 사물을 형성하는 원료도 존재한다. 그러나 이와 달리 아퀴나스에게는 신이 모든 실존의 원천이다. 따라서 인간의 본성을 완성하기 위해서는 반드시 신의 은총이 필요하다고 주장했다.

미셸 드 몽테뉴(Michel De Montaigne 1533~1592)

나 자신을 성찰한, 최초의 인문주의자

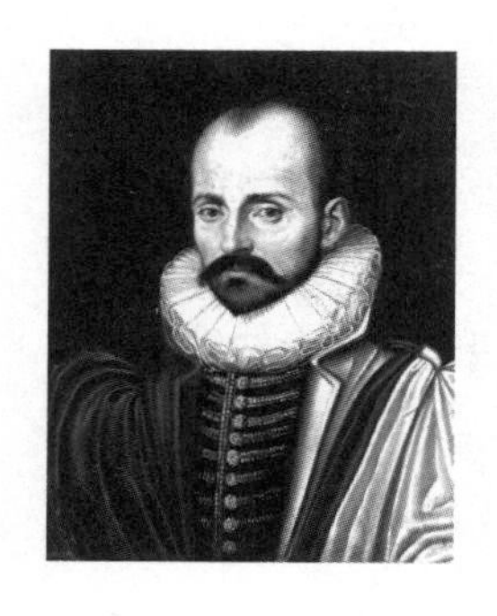

기독교의 교리에서는 개인이 자신만의 도덕적인 구상을 펼칠 여지가 거의 없다. 그래서 보에티우스(5세기경의 고대 철학자. 자유의지, 예정설 등을 다룬 '최초의 스콜라 철학자'로 불린다.) 이후 1천여 년 동안 기독교 철학자들은 윤리학을 거의 다룰 수 없었다. 그러나 16세기에 이르러 인문주의자 몽테뉴가 저술 활동을 시작하면서 교회는 그 독점적 지위를 상실하게 되었다.

몽테뉴는 프랑스의 부유한 상인 가문에서 태어났다. 인문학자였던 아버지의 교육 환경 아래에서 특별한 어린 시절을 보냈다. 집에서는 오로지 라틴어로만 말을 해야 했다. 또한 소작농의 집에서 3년 세월을 보내야 했으며, 다양한 음악분야의 공부도 해야 했다.

법률을 공부한 후에는 지방과 중앙 법원에서 11년 동안 일했다. 1568년 부친이 사망하자 고향으로 돌아와 사유하고 저술 할동을 하며 여생을 보냈다.

몽테뉴는 인간들의 상호관계와 세계와의 관계를 돌아보는 세 권의 에세이를 남겼다. 뛰어난 웅변가였던 그는 광범위한 분야의 학문에 관심이 많았다. 그의 작품을 들여다보면 휴머니스트적인 품성을 엿볼 수 있다. 몽테뉴의 작품들에는 모호하고 산만한 경우가 많은데, 그것을 오히려 매우 독창적인 방법으로 자신을 표현하는 것으로 여겼던 것 같다. 그는 평생 자기 자신과의 대화에 몰두했다.

몽테뉴는 행동과 가치들이 문화권마다 다르게 평가된다는 점을 밝힘으로써 문화적 상대주의를 전개한 최초의 철학자로 인정받는다. 한 문화가 다른 문화보다 더 뛰어나다는 근거는 전혀 없으며, 심지어 인간이 동물보다 우월하게 태어났다는 근거도 명백하지 않다고 보았다.

이런 사상은 당시에는 지극히 혁명적인 것이었다. 당시 유럽은 기독교 문화가 '올바른 방식'이라는 믿음이 널리 퍼져 있어서, 그를 빌미로 유럽인들이 야만인으로 간주했던 신대륙의 토착민들을 대상으로 학살, 정복, 세뇌가 폭넓게 이뤄지고 있었다.

물론 미개인에 대한 이런 잔인한 처사를 비난하던 사람들도 유럽 내에서 국가의 이름으로 자행되는 폭력에 대해서는 방조하거나 눈을 감아버리는 경우가 많았다.

그렇다고 해도, 몽테뉴는 모든 관습을 그대로 받아들일 수는 없다고 여겼고 개인들이 문화적 규범의 틀에 얽매여서도 안 된다고 주장했다. 그는 사회가 나아갈 바를 사회적 맥락에서 바라보고, 기존의 가치를 받아들일지에 대해서는 신에게 부여받은 보편적이고 천부적인 기준에 따라 결정할 것을 재촉했다.

우리 모두는 사태를 각자 다른 눈으로 바라볼 수 있고, 사회적 맥락과 연관해서 가장 훌륭하고 합당한 판단을 내릴 수 있으므로 보편적인 규범은 전혀 필요없다는 것이었다. 올바른 선택을 위해 우리는 모두 끊임없이 스스로 되묻고 되돌아보아야 한다고 생각했다. 몽테뉴는 신이 내려준 '이성'이나 '본성' 같은 몇 가지 보편적인 기준들은 인정했다. 이런 것들은 판단을 내리는 데는 도움이 될 수도 있다고 보았다.

몽테뉴의 철학은 파스칼과 데카르트에게 큰 영향을 끼쳤다. 특히 몽테뉴의 영향을 깊게 받았던 데카르트는 자기 교육과 철학적 성찰을 위한 경험의 축적을 강조했다.

개인에게 책임을 넘기는 이러한 접근법은 인문주의의 가장 두드러진 특징이었다. 인문주의는 자아를 발견하고 덕성을 회복하는 운동으로 방종이나 금욕하는 삶을 강요하지 않는 대신 개인들의 능력과 책임을 강조했다.

회의에서 출발한 모럴리스트

몽테뉴는 특히 과학 혁명에 대해 회의를 품었다. 인간에게 확실한 것은 무엇인가라는 의문을 가진 그는 이성도 우주를 지배하는 기준이 될 수 없고, 우리의 감각도 신뢰할 만한 증거가 될 수 없었다.

따라서 '나는 무엇을 알고 있는가'라는 일반적인 회의론을 제기했다. 몽테뉴의 회의론은 해방감을 안겨주는 일이기도 했다. 잘못된 확신으로부터 자유로워지면 인간은 자율성을 갖추게 되며 영혼의 평정이 생긴다고 주장했다.

몽테뉴는 새로운 과학적 발견들과 이론들은 지속적인 발견의 과정이 되어야 한다고 보았다. 새로운 발견 그 자체로 인해 또 하나의 고정된 진리가 그 자리에서 생기는 것이 아니라 참 진리의 옥석을 가리는 방향으로 계속해서 발전해 나아가야 한다는 것이다.

지식은 무비판적으로 받아들여질 경우 탐구 정신을 증진시키는 것만큼이나 손쉽게 억누르기도 한다고 믿었다. 끊임없이 도전하고, 우리의 견해를 뒤돌아보고 비판적인 탐구 정신을 유지하며 삶의 방식을 계속해서 분석, 재평가하는 것이 가장 중요하다고 생각했다.

몽테뉴는 회의론자였으나 가톨릭의 가르침을 실천하는 신자였다. 비종교적인 문제들에서 발생하는 회의론은 종교적 진리를 발견하는데 도움을 준다고 주장했다. 종교적 진리는 신앙을 통해서 증명되는 것이라고 믿었기 때문이다.

이러한 태도로부터 인생에 대한 고찰을 추상화하여, 유명한 저서 《수상록》(1580)을 남겼다. 종교에서 가르치는 것과 같은 천국에서의 행복이 아니라, 현재의 생활을 적극적으로 영위할 것을 주장하며 온화함과 자비를 옹호했다.

프랜시스 베이컨(Francis Bacon 1561~1626)

'아는 것이 힘이다'

영국의 철학자이다. 그의 가장 뛰어난 업적은 과학 혁명의 중심에서 과학적 방법론을 발전시킨 것이다. 유명한 명제 '아는 것이 힘이다'는 영국의 산업혁명을 촉발시키는 데 철학적 영감을 제공한 것으로 평가된다.

1561년 니콜라스 베이컨 경의 다섯째 아들로 런던의 요크하우스에서 태어났다. 케임브리지와 그레이 법학원에서 공부했다. 영국 대사의 수행원으로 파리에서 근무하게 되면서 유럽의 지식인들과 학문을 접했다. 1579년 영국으로 돌아와 법관으로 일했으며 1584년 하원 의원으로 활동하면서 과학, 문학, 철학과 관련된 저술 활동을 했다.

베이컨을 근대 철학의 창시자이며 경험론은 그로부터 시작되었다고 말하는데, 그것은 사람들이 지식을 얻을 수 있는 도구인 방법론의 완전한 혁신을 제공했기 때문이다. '모든 확실한 지식은 체계적인 관찰과 실험에 기초해야 한다'고 주장했다. 이것은 중세적 학문, 스콜라 철학이 지배하던 당시로서는 혁명적인 사상이었다.

베이컨은 플라톤과 아리스토텔레스의 지식 접근법에 대해 이의를 제기했다. 이성을 통해 지식에 접근하고 언어의 뜻을 파악하여 지식을 습득하는 이성주의를 머릿속에 거미줄을 치는 일과 같다고 했다.

아리스토텔레스의 경험적인 접근법은 데이터를 축적하기는 하지만, 그것 자체로는 유용한 생각을 이끌어내는 데 아무런 도움도 주지 못한다고 생각했다. 베이컨은 그 대신 자료를 수집, 분석하여 체계를 만들어가는 것이 귀납적 가설을 생성하는 데 더 나은 방법이며, 그것을 과학적 수단으로 검증하면 된다고 주장했다.

베이컨이 제시한 방법론은 어떤 일이 언제나 반드시 일어난다는 사실을 밝히는 대신(연역적 방법) 가설을 무너뜨리는 것이 더 유용하다고 인식했다. 즉 동전을 던져 백만 번이나 매번 앞면이 나왔다 해도 다음 번에도 똑같이 앞면이 나올 것이라고 확신할 수는 없다. 그러나 한번

만이라도 뒷면이 나온다면 동전을 던지면 항상 앞면이 나올 것이라는 가설은 깨지는 것이다.

그러나 베이컨이 처음부터 귀납법의 문제에 이끌렸던 것은 아니다. 그는 방법론에 더 관심을 기울였고, 특히 과학자들이 수집한 자료들로부터 우수한 귀납적 가설을 생성하는 방법에 더 관심을 쏟았다.

베이컨의 방법이 언제나 유용한 가설을 만들어내는 것은 아니었다. 또한 가설은 그 즉시 명백한 사실로 만드는 자료를 얻어내는 유일한 방법이 존재하는 것도 아니다. 그러나 자료들의 축적에서 일정한 형태와 가능성을 추출하고 그것들을 설명하는 이론들을 구축하는 것은 언제나 창의력과 상상력을 필요로 한다. 그렇다고 해도 베이컨은 과학적 방법의 창시자로 추앙받고 있으며 과학을 통해 인류가 실제적 이익을 확보하는 데 결정적인 역할을 했다. 그의 방법론은 이후 인류가 장애를 극복하고 요긴한 발명들을 해낼 수 있는 데 상당한 밑거름이 되고 있는 것이다.

우상의 배척

베이컨의 저서에는 《학문의 진보》《신 기관론》《신 아틀란티스 》 등이 있는데, 《학문의 진보》는 학문의 대혁신을 꾀하려는 베이컨의 필생의 역작이다.

또한 가장 유명한 저작으로 말해지는 《신 기관론(Novum Organum)》(기관(機關): 삼단논법이라는 아리스토텔레스의 연구법을 가리킨다)은 아리스토텔레스의 〈논리학(organon)〉에 대항하는, 새로운 논리학 즉 새로운 학문의 방법을 뜻한다. 여기에서 베이컨은 인류의 진보와 자연 정복을 위해서 먼저 인간의 시선을 가로막고 있는 우상, 즉 편견이나 맹목적인 오류로부터 우리의 사유를 깨끗이 해야 하며, 그 다음에 올바른 연구방법을 터득해야 한다고 주장했다.

첫 번째 문제를 해결하기 위해 우상론을 들었으며, 두 번째 문제를 해결하기 위해서는 귀납법*(개별적인 특수한 사실이나 현상에서 그러한 사례들이 포함되는 일반적인 결론을 이끌어내는 추리의 방법)을 제시했다. '아는 것이 힘이다'는 바로 이런 맥락에서 말한 것이다.

베이컨은 관찰이나 실험에 바탕을 두지 않은 것을 〈우상(idola)〉으로 지목하고 〈종족의 우상〉 〈동굴의 우상〉 〈시장의 우상〉〈극장의 우상〉 4가지로 구분했다.

첫째, 개인적 편견과 선입관으로 비롯된 인간의 본성을 〈종족의 우상〉이라 부르고, 이것을 제거해야 할 첫 번째 우상으로 보았다.

둘째, 모든 사람은 자신만의 고유한 동굴에 갇혀서 객관적인 진리를 왜곡하는데, 이것이 바로 〈동굴의 우상〉이라는 것이다.

셋째, 잘못 정의된 언어를 믿고 따르려는 경향, 즉 〈시장의 우상〉

이다.

넷째, 〈극장의 우상〉은 인간의 판단을 흐리게 하는 역사적 전통이나 권위에 대한 맹목적인 추종을 가리킨다. 즉 종교적 미신이나 불합리한 신학과 같은 것을 뜻한다.

이와 같은 오류를 드러내어 극복하는 방안으로 베이컨이 제시한 것이 귀납법이다. 즉 실험과 관찰을 통해서 어떤 원리와 법칙을 발견하기 위한 구체적인 방안이다. 베이컨은 경험과 이성이 합치되었을 때 '학문의 진보'를 이룰 수 있다고 믿었다. 스콜라 철학을 극복하기 위해서는 자연과학의 발전이 필요하다고 요구한 것이다.

베이컨이 죽은 후 출판된 저술 《신 아틀란티스》에는 그가 상상한 유토피아가 소개되어 있다. 이곳의 중심은 '솔로몬의 집'이라는 곳이다. 인류의 향상을 목적으로 하는 연구기관으로 학자와 과학자들이 국가의 통제를 받지 않고 연구하고 발명하며 실험할 수 있다. 베이컨이 꿈꾸었던 공동체의 모습이 어떠했는지를 짐작할 수 있다.

토머스 홉스(Thomas Hobbes 1588~1679)

데카르트의 이원론을 부정하다

흔히 근대 철학의 두 갈래를 경험론과 합리론으로 구별하며, 베이컨, 버클리, 흄은 경험론자로, 데카르트, 스피노자, 라이프니츠를 합리론자로 말한다.

경험론은 인간의 선천적인 인식 능력을 거부하고 경험을 바탕으로 확실한 진리에 도달할 수 있다고 주장한다. 이에 비해 합리론은 모든 확실한 지식은 명증적인 원리로부터 오기 때문에 후천적 경험에 의한 지식은 모두 혼란스럽고 불확실한 것이라고 간주한다. 그들은 직관을 가지고 수학적 방법으로 진리에 도달하려 했다.

그러나 경험주의 철학에서 베이컨 보다 더 영향력 있는 철학자는 토머스 홉스이다. 홉스는 사실 갈릴레오와 데카르트를 연결시켜 주는 수학적 방법에 대해 이해하고 있었다. 과학적 탐구에서 연역*(이미 알고 있는 하나 또는 둘 이상의 명제를 전제로 하여 새로운 명제를 결론으로 이끌어내는 추리의 방법)이 하는 역할을 깨닫고 있었기 때문이다.

홉스는 1588년 잉글랜드의 작은 마을 웨스트포트에서 목사의 아들로 태어났다. 옥스퍼드에서 공부해 학사학위를 받았다. 홉스 역시 스콜라 철학과 아리스토텔레스의 형이상학을 공부했는데 데카르트와 마찬가지로 평생 동안 싫어했다.

1608년 캐번디시 가문에서 가정교사로 있으면서 그 가문의 후원으로 학문 활동과 여행을 할 수 있었다. 베이컨과는 1618~1622년경에 그의 비서로 있었다는 기록이 있다. 1630년대 파리에 머물면서 메르센 살롱의 유명한 학자들과 교류했다.

데카르트에게도 많은 영향을 준 메르센(Mersenne 1588~1648)은 프란체스코 수도회 신부였다. 그러나 신학 외에 비교육적 학문에도 흥미가 많았다. 지적 교류를 위한 연구조직인 메르센의 살롱을 운영하여 메르센 아카데미라 불렸다. 훗날 루이 14세의 프랑스 과학아카데미의 전신이다.

이곳에서 홉스는 가상디(1592~1655 데카르트의 기계론을 반대한 프랑스의 수학자)와 가장 친했다. 데카르트의 저서를 접한 홉스는 이원론을 주장하는 데카르트와 견해 차이를 보였으며, 이후 두 사람은 철학에서 서로 정반대되는 양극단에 있다는 평가를 받게 되었다.

홉스는 데카르트의 비물질적인 영혼이 존재한다는 것을 부정했다.

연장성을 지니지 않으며 운동하지도 않는 것은 결코 존재하지 않는다고 주장하는 유물론자였다. 이후 철학사에서는 홉스를 영국의 경험론, 데카르트를 대륙의 합리론의 창시자로 여겼다.*(합리론과 경험론이라는 구별은 그 시대에는 존재하지 않았으며, 후대의 학자들에 의해 정의된 것이다.)

홉스의 근대국가론

홉스는 데카르트가 세상을 떠난 이후 30년 정도를 더 살았다. 그리고 1651년 자신의 이름을 철학사에 영원히 남게 할 저술《리바이어던(Leviathan)》을 통해 자신의 정치철학, 즉 사회계약론을 기반으로 한 합리적인 근대국가론을 펼친다.

홉스가 살고 있던 영국은 1649년 찰스 1세(Charles I 1600~1649)를 단두대에서 처형했다. 이것은 수백년 동안 유럽의 왕조를 지배했던 군주제의 종말을 알리는 사건이었다. 그동안 왕의 통치권은 신으로부터 부여받은 신성불가침의 것으로 여겨졌으나, 역사상 처음으로 왕을 법정에 세우고 처형한 것이다. 이후 영국에서는 절대왕정이 아닌 입헌군주제가 되기까지 정치적 혼란이 지속되었다.

정치적 혼란은 홉스에게 국가의 정치체제에 대해 연구할 동기를 부여했다. '리바이어던'이라는 이름은 구약성서(욥기 41장)에 나오는 바다괴물의 이름에서 유래했다. 홉스는 리바이어던을 국가에 비유했다.

그래서 책 표지에는 오른손에는 검(정치권력), 왼손에는 왕홀(교회권력)을 든 수많은 사람으로 이루어진 거인(괴물)이 그려져 있다.

홉스는 이 세계가 오직 물질로 존재한다는 유물론적 사상을 따랐다. 따라서 인간 역시 우주 전체를 이루고 있는 여러 기계와 같은 것이라고 생각했다. 인간의 정신을 하나의 자동기계로 여긴 것이다.

따라서 인간은 오로지 자기 보존의 충동을 위해 움직이거나 생명을 유지하는 존재이기 때문에 생존에 유리한 것만 선택하고 불리한 것은 배척한다. 또한 언제라도 부족한 것을 얻기 위해 싸우고자 한다. 그래서 홉스는 가장 최악의 경우를 '자연상태에서 인간의 삶이란 만인의 만인에 대한 투쟁이다'라고 선언한 것이다.

홉스는 만일 이러한 본능이 통제되지 않는다면 사회적 무질서가 발생할 것이라는 가정을 전제로, 인간들이 이성적으로 공동체를 형성하거나 국가를 세우게 되면 이러한 혼란으로부터 보호될 수 있다고 보았다. 따라서 공동체에 속하는 모든 인간은 자신의 권리를 통치자에게 위임하겠다는 계약을 통해 절대적 권위자(군주, 또는 통치권을 지닌 의회)는 권리를 위임한 시민들의 복지와 안전을 책임져야 하는 것이다.

이때 홉스는 리바이어던 같은, 무제한의 권력을 갖춘 전능한 지배자를 주장했다. 그러나 그 지배자의 무제한적 권력은 신으로부터 직접 받은 것이 아니고, 그의 신하가 될 시민들이 체결한 계약을 통해서이다. 다시 말해 인간은 자연적으로 전쟁이나 투쟁을 지향할 수밖에 없는데, 권위에 의해 가해지는 사회적 규범만이 인간을 그러한 상태로 전락하는 것을 막을 수 있다는 것이다.

홉스는 개인과 절대 권능 사이에 맺어지는 계약이 없다면 사회는 해체될 것이며, 그 결과로 '만인의 만인에 대한 투쟁'만이 남게 되고, 모든 사람들은 '고독하고, 가난하며, 처참하고 야만적이며, 궁핍한' 처지에 놓이게 될 것으로 보았다.

자연상태를 극복하기 위해 계약을 맺어서 법과 규범을 만들고 이를 집행하기 위한 정부를 세우는 것이다. 그리고 법규가 제대로 지켜지도록 하고 법규의 위반자를 엄격하게 제재하기 위해 군주에게 절대권을 부여해야 한다.

그런데 여기에서 조건은 '모든' 신하들은 예외 없이 군주의 권위에 복종하는 데 동의하는 것이다. 계약의 결과, 인간은 안전과 원하는 바를 충분히 달성할 수 있게 된다. 따라서 인간의 본성이 이기적이라 해도 사회계약은 그 이기적 욕망이 타인의 이익을 고려하는 선에서 절충점을 찾을 수 있을 것으로 생각했다.

홉스의 주장은 당시의 정치 집단과 종교 사회에 충격을 주었다. 왕권신수설을 신봉하는 사람들은 사회계약이라는 것이 마음에 들지 않았다. 또한 청교도들은 인간을 기계로 취급하는 홉스를 무신론자라 비방했다. 또한 의회론자들도 계약에 의해 시민들은 지배자에게 절대

복종해야 하며 지배자의 권력은 무제한이며 그 계약은 깨뜨릴 수 없다는 것 때문에 홉스의 절대군주제에 따르는 것을 주저했다.

홉스는 1660년 찰스 2세의 왕정 복고 이후에 왕으로부터 총애를 받고 연금도 받게 되었으나 《리바이어던》는 여전히 의혹의 대상이었다. 홉스는 이후 1679년 세상을 떠날 때까지 정치철학에 대한 저술활동은 더 이상 하지 않았다.

바뤼흐 스피노자(Baruch Spinoza 1632~1677)

자연이 곧 신이다

청년기에 데카르트의 《철학의 원리》《성찰》를 접하면서 가장 많은 영향을 받은 철학자 중의 한 명이다.

네덜란드에서 유대인의 아들로 태었다. 그러나 신을 부정했다는 이유로 공동체로부터 파문을 당했다. 전통 종교와 철학에 대한 비판적 사상 때문에 평생 경계의 대상이었으며 무신론자라는 비난에서 벗어나지 못했다. 그러나 영국의 베이컨, 프랑스의 데카르트와 마찬가지로 새로운 시대를 열망하는 사상을 추구했다.

스피노자의 철학은 데카르트의 심신이원론을 극복하려는 데에서부터 출발했다. 데카르트는 실체란 '존재하기 위해 다른 아무 것도 필요하지 않는 것'이라고 규정했다. 여기에서 영원불변한 존재인 '신'은 무한실체이며, 그 외에 정신과 물체가 있는데, 이것은 유한실체이다. 인간으로 말하면 '몸과 마음'이며 이것은 스스로 존재하는 것이라고 주장했다.

그러나 스피노자는 이 세상에 실체는 단 하나일 뿐이며, 그것은 자연이다. 그리고 신이 바로 자연이라고 말했다. 흔히 스피노자의 '신의 자연화' 논제라 말한다. 즉 신과 자연은 두 개의 서로 다른 실체가 아니라, 하나의 실체가 두 가지 양상으로 드러나는 것일 뿐이라고 주장한 것이다.

따라서 스피노자는 신이 인간과 유사한 존재라는 의인론적 신관을 거부했다. 그것은 오히려 신을 불완전하며, 불합리한 존재로 전락시킨다고 보았기 때문이다. 유대, 기독교적인 인격신관이 지배하던 당시의 지적 풍토에서 스피노자의 의인론적 신관 비판은 곧 무신론과 동일한 것으로 간주되었다.

전통적인 신의 개념에 의하면, 신은 모든 것을 일어나게 할 수도 있고, 그렇게 하지 않을 수도 있다는 점에서 자유원인으로 말해진다. 그러나 스피노자는 모든 것이 선행하는 원인에 의해 필연적으로 일어난다고 보는 결정론자였기에 자유의지를 인정하지 않았다.

인간은 사실상 자유의지를 상실한 상태이지만 우리는 마치 자유로운 것처럼 현실의 삶을 경험한다고 주장했다.

'… 인간은 자신의 행위는 의식하지만, 그 행위가 이뤄지게 되는 인과관계에 대해서는 의식하지 못하므로 자신들이 자유롭다고 느낀다. 또한 마음의 작용이란 분명 육체 상태의 다양한 변화에 따른 욕구가 반영된 것이다.'

스피노자에게 인간은 그 정신에 감정과 지성을 갖추고 있는 대상이며, 그것의 근원은 자기보존의 욕구이다. 이것이 진실로 인간답게 실현되려면 감각적 인식을 제거하고, 이성적 및 직관적 인식에 의거해 진실의 존재 방식을 받아들여야 한다고 보았다.

따라서 스피노자는 과학과 종교도 분리해야 한다고 주장했다. 갈릴에오 갈릴레이로부터 시작된 새로운 과학 지식에 대해 종교가 독점적인 권위를 행사해서는 안 된다고 생각한 것이다.

한편 스피노자의 사회관은 홉스의 생각을 계승하고 있지만, 홉스와는 다르게 국가의 형태를 군주제가 아닌, 공화제로 주장했다.

고트프리트 라이프니츠(Gottfried W. Leibniz 1646~1716)

종교와 정치의 조화를 시도한 철학자

1646년 7월 1일 독일의 라이프치히에서 태어났다. 라틴어를 독학으로 공부하고 라이프치히 대학에서 법학을 전공했지만(1661~1666), 뉘른베르크의 알트도르프 대학(1666~1667)으로 학교를 옮겼다.

마인츠 영주와 대주교의 정치적 고문으로 활동했으며, 하노버 궁의 초청을 받아 하노버 왕가의 자문으로 일했다. 외교사절로 다양한 활동을 하면서 학술원 원장을 맡아 학술 연구를 병행했다. 따라서 데카르트와 스피노자가 세상과 단절되어 철학을 한 것과 대비되는 부분이다.

당시 유럽은 중세를 대표하는 아리스토텔레스의 목적론 철학과 데카르트의 기계론 철학이 대립하며 새로운 근대 사상이 싹트고 있었다. 라이프니츠는 이러한 난제 앞에서 그의 철학적 목적을 이러한 관념들의 종합에 두었으며 궁극적으로는 기독교의 종교적 통합과 유럽의 정치적 통합을 시도한 것이다.

따라서 그의 학문 분야는 정치와 외교를 포함하여 수학, 물리학, 역학, 지질학, 광물학, 법학, 경제학, 언어학, 역사학, 신학 등 광범위하게 진행되었다.

특히 수학 분야에서 획기적으로 미적분학의 방법을, 물리학에서는 에너지 보존의 법칙을 발견했다. 그러나 미적분의 최초 발견에 대해 뉴턴과 그의 추종자들과 오랫동안 논쟁에 휘말리기도 했다.

모나드론

라이프니츠는 학문 연구를 위해 유럽의 많은 학자들과 수많은 서신을 교류했기 때문에 여러 논문들이 존재하지만, 그의 철학 사상을 체계적으로 서술한 대표 저작은 별로 없다. 다만 두 개의 짧은 저서가 있는데, 《모나드론(Monadologie)》과 《이성에 기초한 자연과 은총의 원리》이다.

라이프니츠는 《모나드론》에서 세계에 존재하는 무수한 실체를 주체의 관점에서 정의했다. 즉 실체는 단 하나로서 불가분의 것이며, 스스로 생명력을 지니고 있으며, 자신의 목적을 가지고 있다는 것이다. 그리고 전 우주는 궁극적으로는 이 '모나드(단자)'로 구성되었다고 보았다.

그리고 각각의 독립적이고 서로 관계가 없는 모나드가 상호 존재하며 궁극적으로 세계의 통일을 형성하는 것은 신에 의해 미리 예정된 '예정조화'라고 주장했다.

라이프니츠는 이런 주체를 아리스토텔레스에 의해 규정된 엔텔레케이아로 불렀다. 엔텔레케이아는 어떤 유기체가 태어날 때부터 가지고 있는 자신의 고유한 목적을 실현한다는 의미에서 완성태 또는 힘이라고 할 수 있다.

따라서 라이프니츠에게 이 세상은 신에 의해 규정된 '모든 사람에게 최적의 가능한 세상'이었다. 비록 이 세상에 어느 정도의 결함은 필연적으로 있을 수밖에 없는데, 정신적 죄악과 육체적 죄악은 불완전한 인간들이 저지른 결과이며, 이 인간들은 부족한 이해력 탓으로 자신들의 자유의지를 최상의 방법으로 사용하지 못한 것이다.

즉 어떤 악은 '최적의 가능한 세상'이 성립하기 위해 피치 못하게 존재한다는 것이다. 이것은 마치 용기나 도덕과 같은 미덕이 그와 대비되는 위협이나 악덕이 없다면 의미를 잃어버리거나 아예 존재의 의미조차 없는 것과 같은 이치이다. 신은 '최적 가능한' 해답을 얻기 위해 선과 악 사이에 오묘한 균형을 맞춰야만 했다는 것이다.

《모나드론》은 후에 '독일 고전철학의 변증법을 준비한 것으로, 또한 그의 논리학 사상은 수학적 사상의 기초를 수립한 것으로 평가받고 있다. 또한 라이프니츠는 오늘날 컴퓨터 공학의 토대가 된 '이진법'을 고안했다.

존 로크(John Locke 1632~1704)

영국의 경험론을 대표하는 정치 사상가

1632년 잉글랜드 남부 서미싯 주의 링턴이라는 작은 마을에서 태어났다. 당시의 전형적인 중산층(젠트리gentry: 16세기경에 나타난 중소 지주, 부농 계급. 귀족보다 지위가 낮으나 이후 영국 사회를 이끄는 주류가 되었다. 젠틀맨gentleman의 어원) 가문에서 태어났다.

웨스트민스터 학교, 그리고 옥스퍼드의 크라이스트처치 칼리지로 진학하여 고전을 비롯하여 철학을 공부했으며 그 외에 자연과학과 의학에도 관심이 많았다. 당대의 과학자 로버트 보일(1627~1691), 아이작 뉴턴(1642~1727)과의 학문적 교류를 통해서 새로운 지식을 쌓아 갔다.

데카르트와 가상디의 저서를 섭렵하여 경험주의 철학의 기반을 만들어 갔다. 17세기 당시 사상가들 사이에서 가장 관심이 높았던 학문은 데카르트의 사상이었다.

1666년 애슐리 쿠퍼(Ashley Cooper 1621~1683)의 간 종양 제거 수술을 훌륭하게 성공하여, 그것을 계기로 애슐리의 주치의가 되었다. 훗날 새프츠베리 백작 작위를 받게 되는 애슐리는 잉글랜드의 고위 귀족으로 영향력 있는 정치가였다. 이 시기에 백작을 도우며 정치적 활동을 하면서 종교적 관용과 통치 행위에 대한 연구를 시작했다.

1683년에 반란 혐의로 기소되어 네덜란드로 망명했으며 1689년 사면이 될 때까지 네덜란드에서 머무는 동안 철학 연구와 저술에 몰두했다.

잉글랜드의 정치 상황은 신구교의 갈등과 함께 혼란 상태가 지속되었으나, 명예혁명(1688년)이 성공함으로써 왕권과 의회의 대결에 종지부를 찍게 되었다. 의회의 권한이 확대되고 왕권이 약화되었으며, 왕위 계승도 의회의 결정에 따라야 했다. 근대 시민사회로의 출발이 시작된 것이다.

명예혁명 이후 런던으로 돌아와 망명 기간 동안 집필했던 자신의 저술들을 출판했다. 1689년 유럽 계몽주의 시대의 가장 유명한 두 권의 책, 《인간오성론》과 《통치론》, 그리고 《관용에 관한 편지》를 출간했다. 1700년 에식스의 오츠로 은퇴하여 그곳에서 1704년 72세의 나

이로 세상을 떠났다

로크는 《통치론》을 익명으로 출판했으나 저자가 로크일 것이라는 추측은 공공연한 비밀이었다. 로크는 임종에 이르러 익명으로 출판된 자신의 모든 저작에 대해서 자신이 저자라고 밝혔다.

《통치론》은 올바른 정치 체제에 대한 논문으로서, 17세기 유럽의 절대왕정과 왕권신수설을 비판하며, 시민 정부의 목적, 인간에게 주어진 천부의 자연권, 사회계약론, 소유권, 정부의 형태, 시민의 저항권에 이르기까지 자유주의적 정치철학이 제시되어 있다. 이후 프랑스 대혁명과 미국의 독립선언에 중요한 영향을 끼쳐 근대 시민 혁명의 기원으로 평가된다.

로크의 인식론

로크와 데카르트는 근대철학에서 대립하는 두 학파, 즉 지식은 경험을 기반으로 한다는 경험론과 이성의 사변을 신뢰하는 합리론의 창시자로 생각되곤 한다.

로크는 인간의 정신이 자료를 어떤 식으로 받아들이고 조직하며 분류하는지 조사하고 그 결과에 근거해 어떤 판단을 내리는지 알고자 했다. 즉 데카르트의 이성에 바탕을 둔 철학을 거부하고, 인간 지식의 원천은 오로지 경험을 통해 이루어진다고 믿었다. 그리고 그 경험은 우리의 감각에 바탕을 둔 물리적 세계의 움직임을 통해 얻어지는 것이라고 주장했다. 로크의 저서《인간오성론》은 이와 같은 인식론적 경험주의를 설명하고 있다.

당시의 지식인들 대부분은 데카르트의 저서《방법서설》《철학의 원리》를 연구하고 논쟁을 벌였다. 데카르트의 이원론은 20세기에 철저히 비판을 받게 되지만, '이성적 사유'라는 개념은 수세기 동안 철학의 흐름을 바꾸어 놓을 정도로 혁명적이었다.

데카르트의 사후에 잉글랜드에서 활동하기 시작한 로크는 데카르트의 '나는 생각하는 존재이다'라는 인간의 본유관념을 부정했다. 즉 '인간의 정신에는 본래 아무 것도 담겨 있지 않고 쓰여 있지도 않다(백지설)'라고 주장한 것이다. 그는 본유관념, 즉 지식의 원천은 오로지 사물에 대한 경험과 성찰에 있다는 것이다.

지식은 경험을 바탕으로 만들어지는 관념의 철학이며, 이 결합을 이룩하는 것은 이성의 직관능력이 있기 때문이다. 인간에게 선천적인 신념이나 인식의 대립이란 존재하지 않는다. 따라서 관념이나 언어의 의미를 명백히 증명하게 되면, 이론적으로 근거가 되며, 실천할 수 있는 보편타당한 인식이 존재하게 된다는 것이다.

로크의 인식론은 '백지 상태의 마음(타블로 라사: Tableau rasa)'에 써 넣어 지는 것이다. 데카르트의 인식 체계를 수학적, 과학적 근거로부터 인식하는 합리론이라고 말한다면, 지식의 근원을 경험과 성찰이라고 말하는 로크의 사상을 경험론이라고 한다. 합리론과 경험론은 신 중심의 중세 철학에서 벗어나 인간의 이성을 중시한 근대 철학의 시발점이 되었다.

데카르트나 로크의 인간의 이성에 대한 신뢰는 16~17세기 발달한 과학적 지식으로부터 체계화되었다. 코페르니쿠스, 갈릴레오 갈릴레이에서 1687년 뉴턴의 만유인력의 법칙, 관성의 법칙 등등 자연세계에 대한 경험과 관찰로부터 보편적 진리를 이끌어내게 된 것이다.

로크에게 자연과학에 대해 영향을 끼친 사람 중에는 데카르트의 사상을 이어받아 잉글랜드에서 활동한 베이컨이 있다. 베이컨은 자연세계에 대한 경험에서 참된 지식을 얻을 수 있다며 '아는 것이 힘이다'라고 주장했다.

로크는 베이컨의 경험 중시 철학을 이어받았으며, 이후 로버트 보일, 뉴턴 등 자연과학자들과의 교류를 통해 과학적 지식을 체계화할 수 있었다. 자연과학자들과의 협업이 없었다면 '신이 인간에게 사물의 본질에 대한 지식을 알 수 있도록 본유관념을 부여했다'는 당시의 지배적 사고에 도전할 엄두를 내지 못했을 것이다.

로크의 인식론은 버클리(1685~1753), 흄(1711~1776), 밀(1806~1873)에 의해 경험론의 전통으로 계승되어 칸트(1724~1804)의 비판 철학의 출발점이 되었다.

블레즈 파스칼(Blaise Pascal 1623~1662)

인간은 생각하는 갈대이다

신의 존재 여부는 전적으로 철학적인 문제만은 아니다. 신이 인간사에 관심이 많아서 보상과 처벌을 골고루 내린다고 믿는 사람들에게 신의 존재 여부는 사후 세계와 그에 따른 저주 혹은 구원과 관련되어 있다. 이 문제는 단순한 지적 호기심의 차원을 넘어선다.

프랑스의 합리주의자 파스칼은 수학자, 물리학자, 그리고 철학자였다. 지식을 향한 엄격한 과학적 접근을 주장한 철학자였지만, 신에 대해서만은 다른 규칙을 적용해야 한다고 주장했다.

1623년 프랑스의 클레르몽페랑에서 태어난 파스칼은 아버지가 지방행정관이었으며 수학에 특히 흥미가 많았기 때문에 어렸을 때부터 수학과 과학 교육을 받았다. 파리로 이주하여 아버지가 메르센의 과학 살롱에 드나들었기 때문에 이에 영향을 많이 받았다.

16세에 '원추곡선론', '파스칼의 원리'를 내보여 데카르트를 놀라게 만들었다. 그 외에 수학과 물리학에 관한 글들을 발표했으나 1654년 특별한 경험으로부터 시작하여 신학적 논쟁에 빠져들었다.

파스칼은 이성의 한계를 뛰어넘는 문제에서 우리가 할 수 있는 일은 성서의 권위에 의존하는 것밖에 없다고 했다. 사실, 그는 매우 신앙심이 깊은 사람이었으며, 말년의 대부분을 자신의 사유의 결과물인 《팡세》를 정리하는 데 바쳤다(생전에 출간되지 못하고 사망 후 주변 사람들의 정리로 출간되었다. 1670년).

《팡세》는 사상을 담은 저작이라기보다 일종의 비망록과 같은 책이며, 기독교 신앙에 대한 고백서라 할 수 있다. 이 책에서 파스칼은 이성의 한계와 절대적 확신의 결여에 관해 이야기한다.

'인간은 자연 가운데서 가장 약한 하나의 갈대에 불과하다. 그러나 그것은 생각하는 갈대이다.'

《팡세》의 가장 인상적인 부분은 신의 존재와 관련하여 파스칼이 '내기'를 거는 장면이다. 이는 신의 존재에 대한 실질적인 논쟁이기보다 기독교 신앙에 대한 우호적 입장을 합리적 관점에서 설명하려 한 것이다.

우리가 신의 존재를 이성으로 알 수는 없다 해도, 우리는 그 존재를 믿든지, 안 믿든지 어느 한쪽을 선택해야한 한다. 즉 내기를 걸어야만

한다는 것이다.

: 만약 신이 없다 해도 우리가 신을 믿었다는 사실 때문에 피해를 볼 일은 없을 것이다. 우리가 믿든 안 믿든 죽음은 모든 것을 소멸시킬 것이기 때문이다.

: 그러나 만약 신이 있다면 그 믿음으로써 우리는 모든 것(구원)을 얻을 수 있을 것이다. 하지만 신을 부정한다면 반대로 모든 것을 잃을 것이다.(저주)

: 그러므로 신이 있는 것처럼 행동하는 것이 현명한 처사라 할 것이다. '얻게 된다면 모든 것을 얻겠지만, 잃을 것이라고는 아무것도 없다.'

《방법서설》은 발표 이후에 유럽 지식인들 사이에서 가장 논쟁적으로 거론되었으며, 지금까지도 가장 널리 알려진 최고의 고전이다. 철학적 이론서라기보다는 데카르트가 자신의 학문적 삶을 고백하는 형식으로 아주 쉽게 읽을 수 있도록 전개되어 있다.

《방법서설》에서 제기되는 핵심 사상은 첫째, '인간이라는 실체는 과연 존재하는가?'에 대해서이며 둘째, 이 세상의 모든 것은 정신과 물체로 존재한다는 이원론적 관점이다. 철학에 대한 방법론이라기보다는 자연학으로부터 나아가는 새로운 학문을 위한 방법론을 제시하고 있다.

제1부 : 학문에 관한 다양한 고찰

이성을 올바르게 사용해야 참된 진리에 이를 수 있다고 주장한다. 그 이유는 자신이 배운 학문과 관습들은 모두 훌륭한 것들이었지만, 세상을 여행하면서 자신의 무지를 깨닫게 되었기 때문이며, 따라서 모든 것을 의심해보는 것으로부터 출발하여 새로운 학문을 터득하고자 하는 것이 자신의 목표라고 말한다.

기존의 학문들 즉 수사학, 시, 수학, 신학, 의학, 법학, 철학은 말할 것도 없고, 나쁜 학문으로 말해지는 연금술, 점성술, 마법 등에 이르기까지 모든 학문을 고찰하고자 했다고 밝힌다.

:: 나의 의도는 각자가 자신의 이성을 올바르게 이끌기 위해 따라야만 하는 방법을 가르치려는 것이 아니라, 단지 나 자신의 이성을 이끌기 위해 시도해 왔던 방법을 설명하려는 것일 뿐이다.

:: 나는 무척이나 열심히 학문을 배우려 했다. 그러나 관례에 따라 학자로 인정해주는 공부의 모든 과정을 마치자마자 나의 의견을 완전히 바꾸게 되었다.

학문을 위한 모든 노력에도 불구하고 나 자신의 무지만을 발견했을 뿐, 너무나도 많은 회의와 오류에 빠져있다는 것을 알게 되었기 때문이다.

:: 웅변은 비길 데 없는 설득력과 아름다움을 지니고 있으며, 시는 지극히 매혹적인 섬세함과 매력을 갖추고 있고, 수학은 캐묻기 좋아하는 사람들을 만족시킬 수 있는 대단히 정밀한 기술들을 갖추고 있

으며 동시에 모든 기술 분야에 활용되며 인간의 노동을 줄여준다. 윤리학에 관한 책들은 대단히 교훈적인 가르침과 미덕에 대한 충고를 담고 있다. 신학은 천국으로 향하는 길을 보여주며 철학은 모든 것에 대해 그럴 듯하게 말하는 수단을 제공하며 많이 배우지 못한 사람들을 감동시킨다. 법학과 의학을 비롯한 학문 분야들은 그것을 직업으로 삼는 사람들에게 부와 명예를 가져다준다. 마지막으로 이러한 지식의 여러 갈래들, 심지어는 가장 미신적이며 허황된 것들까지도 연구하는 것은 그것들의 진정한 가치를 알아차리고 속지 않기 위해 가치가 있다는 것을 알았다.

:: 내가 수학을 가장 열심히 공부했던 것은 수학 증명들의 확실성과 논란의 여지가 없다는 것 때문이었지만 나는 아직도 수학의 올바른 용도를 알지 못하고 있다. 수학이 유일하게 적용되는 곳은 기계적인 기술이라고 믿었으며 그처럼 확실하고 견고한 토대 위에 보다 고귀한 것이 전혀 세워지지 않았다는 것에 깜짝 놀랐다.

:: 나는 우리의 신학을 존중했으며, 다른 사람들만큼이나 천국에 다다를 수 있기를 희망했다. 하지만 천국으로 가는 길이 가장 많이 배운 사람들에게 열려 있는 만큼이나 가장 배우지 못한 사람들에게도 열려 있으며, 그곳으로 이끌어주는 계시된 진리가 우리의 이해력을 벗

어난다는 것을 기정사실로 알게 되면서, 나는 감히 그 진리를 나 자신의 미약한 논리에 포함시키지는 않았다. 또한 진리를 공부하는 과업에 종사하기 위해서는 하늘의 어떤 특별한 도움과 단순한 인간 이상일 필요가 있다고 믿게 되었다.

∷ 철학에 대해서는 여러 세기 동안 최고의 지성인들이 몰두해 있었으며 그럼에도 불구하고 논쟁되지 않는 것은 전혀 없으며 그로 인해 의심받지 않는 것이 전혀 없다는 것을 깨달았을 때 다른 사람들보다 더 성공하겠다고 기대할 만큼 주제넘은 생각은 하지 않게 되었다. 한 가지 이상의 진실이 있을 수 없는 동일한 주제에 대해 얼마나 다양한 학자들이 다양한 견해로 고수하고 있는 가를 확인하면서 그럴 듯하게 들릴 뿐인 것은 거짓과 같은 것이라고 생각했다는 것 외에는 아무런 언급도 하지 않을 것이다.

∷ 나 자신이거나 혹은 세상이라는 위대한 책에서 발견될 지식만을 추구하기로 결정했으므로, 나는 내 청춘의 나머지 시간을 여행을 하고 궁전과 군대를 찾아다니고 다양한 기질과 계층의 사람들과 섞여 다양한 경험을 축적하고, 우연히 나 자신을 발견하게 되는 상황들 속에서 나 자신을 시험해보고, 있는 그대로의 모습을 내게 보이는 것들로부터 일정한 유익함을 이끌어내기 위해 줄곧 합당한 성찰을 하면서

보냈다.

:: 나는 나의 행위들을 있는 그대로 보면서 확신을 갖고 인생을 헤쳐 나가기 위해 거짓으로부터 진실을 분별하는 법을 배우려는 뜨거운 욕망을 언제나 느끼고 있었다.

제2부: 방법의 주요 규칙들

데카르트는 참된 진리를 찾기 위해 신이 우리에게 훌륭한 이성을 내려준 것은 확실하다고 전제한다. 그리고 자신은 그 이성을 올바르게 인도하기 위해 적용되어야 할 규칙을 찾고자 했으며, 그것이 어떻게 만들어졌는지에 대해 서술한다. 또한 그 규칙을 가르치려는 것이 아니며, 받아들여할지 말지는 각자 판단할 수 있다고 말한다.

:: 만약 우리의 판단들이 태어나는 순간부터 이성을 완전하게 활용하거나 이성에 의해서만 안내되었다면 가질 수 있었을 만큼 순수하거나 확고한 것이 되기에는 거의 불가능하다.

:: 지금까지 내가 받아들인 모든 견해들에 관한한, 그것들로부터 단

호하게 벗어나 보고 나중에 그것들을 더 나은 것이거나 비록 똑같은 것일지라도 대체하겠다는 계획으로 일단 나의 이성으로 시험해보고 잘 정립된 것인지를 확인하는 것보다 더 잘할 수는 없다고 생각했다.

:: 산들 사이로 구불구불 나 있는 큰길이 결국에는 잦은 왕래로 인해 너무나도 평탄하고 편안해져서 더욱 빠른 통로를 찾기 위해 바위산을 기어오르고 절벽 아래로 내려가는 것보다 훨씬 더 나은 것과 똑같은 방식이다.

:: 비록 내 작업에 대한 나만의 만족이 여기에 이 초안을 제출하도록 이끈 것이므로, 나는 다른 모든 사람들에게 유사한 시도를 하라고 권하지는 않을 것이다. 신께서 더 비범한 재능을 부여한 사람들은 어쩌면 더 고귀한 계획을 마음 속에 품게 될 것이다.

:: 나중에 여행을 하는 동안 우리의 견해와 명확하게 다른 사람들도 모두 야만스럽고 미개하지 않으며 오히려 그와는 반대로 그들 중 많은 사람들이 더 좋은 것은 아닐지라도 우리와 마찬가지로 훌륭한 이성을 활용하고 있다는 것을 알아차렸다.

:: 이성에 의해 받아들여지지 않고 내 믿음 속에 스며들어 있는 모든

견해들을 무조건 멀리하는 것이 아니라, 무엇보다 먼저 내가 수행하려는 작업을 준비하는 데 충분한 시간을 사용하고, 내 정신이 이해할 수 있는 모든 것에 대한 지식에 도달하는 올바른 방법을 찾기로 했다.

다음의 네 가지 방법이 나의 목적에 충분할 것이라고 믿게 되었다.

– 첫째는 명확하게 진실이라고 알게 된 것이 아니면 그 어떤 것도 절대로 진실로 인정하지 않겠다는 것이었다. 다시 말해, 신중하게 경솔함과 편견을 피하고 모든 의심의 근거를 배제할 만큼 지극히 명확하고 뚜렷하게 나의 정신에 제시되는 것 외에는 아무 것도 나의 판단에 포함시키지 않겠다는 것이다.

– 두 번째는 검토 중인 각각의 어려운 일들을 가능한 한 많은 부분으로 그리고 해결하기에 충분하도록 필요한 만큼 나누는 것이다.(분해의 규칙)

– 세 번째는 가장 단순하고 가장 쉽게 알게 되는 대상들에서 시작해서 조금씩, 말하자면 단계를 밟아 보다 더 복잡한 대상들을 알게 될 때까지 거슬러올라갈 수 있도록 내 생각들을 순서대로 이끌어 가는 것이다. 심지어는 본질적으로 선후의 연관 관계를 유지하지 않는 대상들에도 일정한 순서를 부여하는 것이다.(합성의 규칙)

– 그리고 마지막으로는 모든 경우에 있어 완벽하게 열거하고 전반적인 재검토를 하여 빠뜨린 것이 전혀 없다고 확신할 수 있도록 하는 것이다.(열거의 규칙)

제3부: 방법으로부터 추론해 낸 몇 가지 도덕 규칙

이성이 올바른 판단을 내릴 수 있도록 실생활에서 가장 기본적인 도덕 준칙들 몇 가지를 제시한다.

:: 첫 번째는 내 나라의 법과 관습에 복종하고, 신의 은총에 의해 어린 시절부터 배워 왔던 신앙을 확고히 지키며, 다른 모든 문제에 있어 함께 살아가는 사람들 중에서 가장 현명한 사람들이 보편적으로 동의하면서 실행에 옮기듯이 극단적인 행위들을 최대한 멀리 하는 가장 온건한 견해들에 따라 행동을 통제하는 것이다.

:: 두 번째 격률은 할 수 있는 한 가장 확고하고 단호하게 행동하자는 것이었으며 가장 의심스러운 견해일지라도 일단 선택했다면 가장 확실한 것들 못지 않게 변함없이 따르자는 것이었다.

:: 세 번째 격률은 행운을 기대하기보다 늘 나 자신을 극복하기 위해 노력하고, 세상의 질서를 바꾸기보다 나의 욕망들을 변화시키려 노력하겠다는 것이었다.

:: 끝으로 이 도덕률의 결론을 내리기 위해 나는 이 세상 사람들의 여러 가지 직업들을 살펴보고 그중 최선의 것을 선택하겠다고 생각했다. 다른 사람들의 일에 대해서는 언급하고 싶지 않으며, 그동안 내가 해왔던 일을 계속해 나가는 것보다 더 잘할 수는 없다는 나의 확신을 밝히려 한다. 즉, 나의 이성을 계발하는 것에 내 일생을 바치고, 나 자신이 규정한 방법의 원칙에 따라 진리의 학습에서 할 수 있었던 최대한의 진전을 이루려는 것이다.

제4부: 형이상학의 토대가 되는 신과 인간 영혼의 실재를 입증하는 논거들

데카르트 철학의 제1 원리인 형이상학의 기초를 제시한다. 방법적 회의를 거쳐 '나는 존재한다'는 인식의 출발점을 제시한다.

:: 깨어 있을 때 갖고 있는 생각들과 똑같은 모든 생각들이 진실인 것은 전혀 없는 채 잠들어 있는 동안에도 떠오를 수도 있다는 것을 고려하여, 나는 나의 머릿속에 들어와 있던 모든 것은 내 꿈속의 환상들만큼이나 진실하지 않은 것으로 생각하기로 결정했다.

:: 그러나 그 직후에 이런 방식으로 모든 것들을 거짓이라고 생각하려 애쓰는 동안에도 그것들을 생각하고 있는 나는 반드시 '실제로 존재하는 어떤 것'이어야만 한다는 사실을 알아차리게 되었다. 그리고 이러한 진리, 즉 '나는 생각한다. 그러므로 나는 존재한다.'는 것은 너무나도 확실하고 분명해서, 회의주의자들의 지극히 터무니없는 그 어떤 가설에 의해서도 흔들릴 수 없다는 것을 알아차리면서, 나는 주저 없이 이것을 내가 추구하고 있던 철학의 제1원리로 받아들일 수 있다고 판단했다.

:: 즉 나는 본질이거나 본성이 모두 오직 생각하는 것에만 있는 하나의 실체이며, 존재하기 위해 어떤 장소도 필요 없으며 그 어떤 물질적인 것에도 의존하지 않는다는 것이다.

따라서 이러한 '나', 즉 나를 나로 존재하게 하는 영혼은 육체와 완전하게 구별되며, 심지어 육체보다 더 인식하기 쉽다는 것이다. 그리고 비록 육체가 존재하지 않는다 해도 영혼은 그것 자체로 온전히 존재하는 것을 멈추지 않을 것이다.

:: 그러므로 그 관념은 실제로 나의 본성보다 더 완벽한 본성에 의해 내 안에 자리 잡았을 것이라는 가능성만이 남게 된다. 그 본성은 그 자체 내에 내가 생각할 수 있는 모든 완벽함을 갖추고 있는 것으로, 한마디로 말해, 그것은 신의 본성이다.

:: 만약 이 세계에 어떤 물체들이거나, 어떤 지성적인 존재들 또는 전적으로 완벽하지 않은 그 밖의 본성들이 있다면 그것들은 단 한 순간도 신 없이는 존속할 수 없는, 그런 방식으로 신의 권능에 의존해야만 한다는 것이었다.

제5부: 자연학적 문제들의 순서

데카르트의 자연학이 서술되어 있다. 자연의 법칙, 특히 심장, 혈액 순환 등 의학, 또한 인간의 영혼과 동물 영혼 사이의 차이에 대해 말한다. 즉 스콜라 철학이 수용한 아리스토텔레스의 자연학적 원리를 거부하는 내용이다.

아리스토텔레스의 형이상학은. 사물은 물체 위에 형상화됨으로써 실재한다. 데카르트의 형이상학은 물체의 본질은 운동중인 연장성에 있다. 자연 전체를 오직 운동과 연장성의 관점에서 설명할 수 있다고 주장했다. 그리고 자연법칙을 신의 불변성으로부터 이끌어낸다.

:: 나는 줄곧 신과 영혼의 존재를 증명하기 위해 사용했던 원리들 외에는 그 어떤 원리도 가정하지 않을 것이며, 기하학자들의 증명들보다 더 명확하고 확실해 보이지 않는 그 어떤 것도 진실이라 받아들이지 않겠다는 결정을 굳게 지켜왔다.

:: 이 혼돈 물질의 가장 주요한 부분이 어떻게 이러한 법칙들에 따라 우리들의 머리 위에 있는 하늘과 비슷한 방식으로 배치되고 배열되어야만 하는지를 보여주었다. 동시에 그 일부분은 어떻게 지구를 구성하고, 다른 부분들은 행성과 혜성을 구성하며, 또 다른 어떤 부분들이 태양과 항성들을 구성해야만 하는가를 보여주었다.

:: 이 모든 것들로부터 이 세상이 내가 제시한 대로 창조되었다고 추론하고 싶지는 않다. 태초부터 신이 이 세상을 이렇게 만들었다는 것이 훨씬 더 그럴 듯하기 때문이다. 그러나 신이 이 세상을 보존하는데 적용하고 있는 작용은 이 세상을 창조했던 것과 똑같다는 것은 분명하다(이것은 신학자들 사이에서 널리 믿고 있는 견해이다).

:: 신체 내에 있을 수 있는 기능들을 검토하면서 나는 모든 사고 능력과 관계없는 것들, 즉 앞에서 말했듯이 신체와 구별되는 부분이 오직 생각하는 것이 유일한 특성인 우리의 영혼이 아무런 역할도 하지 않으며 우리 내부에 존재할 수 있다는 것을 정확하게 발견했기 때문이었다.

이러한 기능들은 이성이 없는 동물들도 우리와 유사하게 갖추고 있다고 말할 수 있는 것과 똑같은 것이다.

:: 신이 이성적인 영혼을 창조했으며, 앞에서 설명한 특별한 방법으로 영혼을 신체와 결합시킨 것이라고 가정하게 되자 그러한 기능들을 모두 발견할 수 있었다.

:: 우리의 영혼이 신체로부터 완전히 독립된 특성을 갖고 있으며, 그 결과로서 영혼은 신체처럼 죽음에 종속되어 있지 않다는 것을 입증하는 논거들을 훨씬 더 잘 이해할 수 있게 된다. 영혼을 파괴할 수 있는 그 어떤 원인들도 발견할 수 없다고 가정하면, 우리는 자연스럽게 영혼은 불멸이라는 결론에 도달하게 된다.

제6부: 자연철학을 더 발전시키는 데 필요한 것들

자연 연구를 더 진척시키기 위해 필요한 것들 및 이 글의 집필 동기가 서술되어 있다. 《우주론》을 출판하지 않고, 왜 《방법서설》을 출판하게 되었는지에 대해 말하고 있다.

:: 만약 우리가 그 원인들과 자연이 제공해준 치유책들을 충분히 알게 된다면, 신체와 정신의 무수한 질병들과 어쩌면 노년에 겪는 쇠약마저도 벗어날 수 있을 것이라고 확신한다.

:: 내가 지키려 했던 순서는 다음과 같다. 우선, 이 세상에 존재하거나 존재할 수 있는 모든 것의 원리들 또는 최초의 원인들을 전반적으로 찾아내려고 노력했다. 이런 목적을 위해 이 세상을 창조한 신 외의 다른 어떤 것도 고려하지 않았으며, 오직 우리들의 영혼에 자연스럽게 머물고 있는 일정한 진리의 씨앗들로부터 이러한 원리들을 찾으려 했다.

그런 다음, 이러한 원인들로부터 추론할 수 있는 최초의 그리고 가장 일반적인 결과들이 어떤 것들인지를 검토하게 되었다.

:: 우리가 진리에 대한 지식의 획득을 방해하는 모든 문제들과 오류들을 극복하려 노력하는 것은 실제로 전투에 참여하는 것이기 때문이다. 지극히 일반적이고 중요한 문제에 대한 어느 정도 거짓된 의견을 받아들인다는 것은 전투에서 패하는 것이다.

:: 나는 오늘날의 아리스토텔레스의 추종자들이 만약 자연에 대한 지식을 아리스토텔레스만큼 갖게 된다면, 심지어는 절대로 더 많이 가질 수 없다는 조건이 있다 해도, 자신들을 행운아라고 생각하게 될 것이다.

그들은 절대로 자신들을 지탱해주는 나무보다 더 높이 오르지 않는 담쟁이덩굴과 같으며, 일단 꼭대기에 도달하고 나면 종종 아래쪽을 향해 자라기도 한다.

:: 내 스승들의 언어인 라틴어 대신 내 나라의 언어인 프랑스어로 작성하는 것은, 고대의 책들만 깊이 신뢰하는 사람들보다 완전히 순수한 타고난 이성만을 사용하는 사람들이 내 견해들을 더 잘 판단할 것이라고 기대하기 때문이다.

■ 르네 데카르트의 연보

1596년 3월 31일, 프랑스 중서부 투렌에서 태어났다. 아버지 조아셍 데카르트(Joachim Decartes)는 브르타뉴 고등법원의 판사였다.

1597년 데카르트가 태어난 지 일 년도 안 되어 어머니가 세상을 떠나고 외할머니에 의해 양육되었다. 어린 시절 몸이 무척 허약했다.

1606년 라 플레슈 성에 있는 예수회 교단의 학원에 입학하여 라틴어, 수사학, 철학, 신학 등의 교육을 받았다.

1610년 이탈리아의 과학자, 갈릴레오 갈릴레이가 천체 망원경으로 목성의 위성 등을 발견하여 코페르니쿠스의 지동설을 입증. 광신적인 가톨릭교도에 의해 앙리 4세(라 플레슈 학원을 설립한 프랑스 왕)가 암살당하다.

1614년 라 플레슈를 졸업하고, 푸아티에 대학에 입학.

1616년 푸아티에 대학에서 법학사 학위를 받다. 이후 자신의 말에 의하면 '세상이라는 커다란 책' 속에서 배우기 위해 여행을 떠났다.

1618년 네덜란드에서 군대에 자원입대했다. 네덜란드의 의학자이자 수학자인 이삭 베크만(L. Beeckman)을 만나 음악과 수학에 대해 관심을 갖게 되어 《음악개론》을 썼다.

1619년 유럽이 신교와 구교의 갈등으로 전쟁에 휩싸이자, 데카르트는 독일 바이에른의 막시밀리안(가톨릭) 군대에 들어갔다. 프랑크푸르트에서는 페르디난트 2세의 대관식을 관람했으며, 11월 10일 울름(Ulm)의 작은 마을에서 '세 번의 꿈'을 통해 자신의 삶을 바꾸게 되는 놀라운 경험을 한다.

1620년 제대를 하고 다시 네덜란드로 돌아가다.

1621년 프랑스로 돌아가 어머니가 남겨준 유산을 정리.

1623년 이탈리아로 여행을 가다.

1625년 파리에 머물면서 수학, 자연과학, 광학을 연구. 메르센(Mersenne) 신부를 비롯하여 토머스 홉스, 피에르 가상디와 교류하며 연구에 몰두.

1627년 오라토리오 수도회의 창립자인 베륄(P. De Berulle) 추기경을 만나 자신이 연구하는 사상에 대해 담화를 나누다(추기경의 격려가 있었다고 하나 정확하지 않다. 베륄 추기경은 신교도를 탄

압하는 강경한 가톨릭주의자였다).

1628년 방법론적 체계를 세우려고 했던 최초의 저술 《정신지도를 위한 규칙》(1701년에 출간)을 집필. 네덜란드로 이주.

1629년 네덜란드에서 거처를 옮기면서 은둔 생활을 하며 형이상학, 해석기하학, 굴절광학, 해부학 등의 연구에 몰두.

1632년 윌리엄 하비(W. Harvey)의 《심장 및 혈액 운동에 관하여》를 접하다.

1633년 자연철학에 관한 저서 《우주론(Le Monde)》를 집필했으나, 갈릴레오 갈릴레이의 유죄판결로 인해 출간을 보류(1664년 출간).

1635년 정식 결혼은 하지 않았으나, 딸 프랑신이 태어나다.

1636년 《방법서설》을 프랑스어로 집필.

1637년 《굴절광학》《기하학》《기상학》과 더불어 《방법서설》 출간했다. '나는 생각한다. 그러므로 존재한다.'라는 명제로 유명해지다.

1640년 딸 프랑신(다섯 살)과 아버지가 죽다. 존재론과 인식론에 대한 연구 《성찰(제1 철학에 관한 성찰)》을 탈고.

1641년 파리에서 《성찰》이 출간되다. 위트레히트 대학 학장인 보에티우스(G. Voetius)가 데카르트를 무신론자라고 공박하다. 이후 많은 신학자, 자연철학자와 논쟁을 벌이다.

1643년 데카르트의 명성이 높아지자, 학문적 배움을 청한 보헤미아의 엘리자베스 왕녀와 서신 왕래가 시작되다.

1644년 라틴어로 저술된 《철학의 원리》가 암스테르담에서 출간(프랑스어 번역본은 1649년).

1645년 엘리자베스 왕녀의 요청으로 《정념론》의 집필을 계획하다(1649년 출간).

1648년 메르센 신부의 임종. 《인간론》을 탈고(1662년 출간).

1649년 스웨덴 여왕 크리스티나의 초청으로 스톡홀름에 도착.

1650년 2월 11일 스웨덴의 스톡홀름에서 폐렴으로 사망.

1663년 교황청은 데카르트의 저서를 금서 목록에 올렸다.

1666년 데카르트의 유해가 프랑스 생 제르맹 데프레 성당으로 옮겨졌다.